www.ingramcontent.com/pod-product-compliance
Lightning Source LLC
LaVergne TN
LVHW010759051026
849532LV00007B/2406
* 9 7 8 9 3 6 9 0 8 8 1 1 9 *

اصلاحِ معاشرہ کے اسباق

(دینی و اصلاحی مضامین)

مرتب:

مکرم نیاز

Islah-e-Muaashara ke Asbaaq (Essays)
by: Mukarram Niyaz
Edition: March '2026
Publisher :
Taemeer Publications LLC (Michigan, USA / Hyderabad, India)

ISBN 978-93-6908-811-9

کتاب	:	**اصلاحِ معاشرہ کے اسباق**
مرتب	:	**مکرم نیاز**
بہ تعاون	:	محدث میگزین
صنف	:	مذہب
ناشر	:	تعمیر پبلی کیشنز (حیدرآباد، انڈیا)
سالِ اشاعت	:	۲۰۲۶ء
صفحات	:	۱۵۴
سرورق ڈیزائن	:	تعمیر ویب ڈیزائن

فہرست

پیش لفظ

آج کا معاشرہ ایک ایسے موڑ پر کھڑا ہے جہاں اخلاقی انحطاط، نوجوانوں کی بے راہ روی، خاندانی نظام کی کمزوری اور سماجی اقدار کا زوال عام ہے۔ ان سب کا نتیجہ معاشرتی انتشار، جرائم میں اضافہ اور روحانی کھوکھلا پن ہے۔ اصلاحِ معاشرہ کے اسباق اسی بحران کے حل کے لیے ایک روشن مینار ہے، جو اسلامی تعلیمات کی روشنی میں معاشرے کی از سر نو تعمیر کا درس دیتا ہے۔

یہ کتاب نہ صرف مسائل کی نشاندہی کرتی ہے بلکہ قرآن و سنت کی تعلیمات پر مبنی عملی حل بھی پیش کرتی ہے۔ عصر حاضر میں جہاں مغربی تہذیب کی بھرمار نے نوجوانوں کو بے لگام آزادی کے نام پر گمراہ کیا ہے، خاندانوں کو توڑ دیا یا تقسیم کر دیا ہے اور مساجد کو متروک بنا دیا ہے، یہاں اسلامی تصورِ اصلاح معاشرہ ایک نجات بخش نسخہ ہے۔ اصلاح کا آغاز انفرادی نفس کی پاکیزگی سے ہوتا ہے، جو پھر خاندان، تعلیم، مسجد اور معاشرے تک پھیلتا ہے۔ یہ کتاب اسی سلسلے میں نفع بخش سبق دیتی ہے، جو معاشرے کو عفو، حکمت، اعتدال اور انسانی حقوق کی طرف لے جاتی ہے۔

اس کی اہمیت اس لیے ہے کہ یہ محض نظریات نہیں بلکہ عملی اطلاق پر مبنی ہے، جو ہر مسلمان کو اپنے اردگرد کی اصلاح کا ذمہ دار بناتی ہے۔ معاشرہ کی اصلاح اللہ کی رضا اور رسول اللہ ﷺ کی سنت کی پیروی ہے، جو فرد کو سنوارتی ہے اور امت کو متحد کرتی ہے۔

پہلا مضمون "عصر حاضر کے نوجوانوں کے مسائل اور ان کا حل" میں شیخ صالح العثیمین نے موجودہ دور کے نوجوانوں کے اخلاقی، تعلیمی اور سماجی مسائل کو قرآن وحدیث کی روشنی میں بیان کیا ہے، اور والدین، اساتذہ اور معاشرے کی ذمہ داریوں پر زور دیا ہے۔ دوسرا مضمون "اصلاح معاشرہ کا اسلامی تصور" خالد علوی لکھتے ہیں کہ اسلام معاشرے کی اصلاح کے لیے توحید، عدل اور اخوت کا نظام دیتا ہے، جو انارکی کا علاج ہے۔ تیسرا مضمون "اصلاحِ معاشرہ میں مسجد کا کردار" محبوب عالم فاروقی کے قلم سے مسجد کو تعلیمی، سماجی اور روحانی مرکز کے طور پر پیش کرتا ہے۔ چوتھی تحریر "تعمیر معاشرہ میں مسلمان معلّم کا کردار" میں حافظہ عائشہ فرماتی ہیں کہ معلم ایمان، اخلاق اور علم کی بنیاد رکھتا ہے۔ پانچویں مضمون "حکمت و اعتدال" میں عبدالجبار سلفی نے اعتدال کو اسلام کی روح قرار دیا ہے۔ چھٹے مضمون "اسلام اور بنیادی انسانی حقوق" میں خورشید احمد نے اسلامی احکامات کو انسانی حقوق

کا سرچشمہ بتایا۔ ساتواں مضمون "معرفت نفس کی حقیقت" کے زیر عنوان ہے جس میں غازی عزیز نے نفس شناسی کو اصلاح کی کلید کہا ہے۔ آٹھویں مضمون "عفو و درگزر کی ضرورت اور اہمیت" میں حافظ محمد ایوب نے معافی کو معاشرتی ہم آہنگی کی ضمانت قرار دیا۔ نویں و آخری مضمون "ایک امتحان: ایک عمل: ایک سبق" میں عزیز زبیدی نے ایک واقعے سے اصلاح کا سبق اخذ کیا ہے۔

اس مفید کتاب کے یہ تمام مضامین معاشرتی اصلاح کی طرف رہنمائی کرتے ہیں۔

ا

عصر حاضر کے نوجوانوں کے مسائل

اور ان کا حل

شیخ صالح العثیمین

موجودہ دور مغربی فکر و فلسفہ اور مادی نظاموں کے غلبے کا دور ہے۔ مغرب کی موجودہ فکر نے اِنسانیت پر صرف اپنے گہرے اَثرات ہی نہیں مرتب کیے بلکہ حیاتِ انسانی کو اپنے مطلوبہ سانچوں کے مطابق ڈھالا بھی ہے جس کی وجہ سے اَقدار و روایات کا مضبوط نظام تہہ و بالا ہو کر رہ گیا ہے۔ اِنسانیت بڑی سخت معنوی تبدیلیوں سے گزر رہی ہے۔ ان کٹھن اور تلخ حالات نے سب سے زیادہ مسائل ہمارے مسلم نوجوانوں کے لئے پیدا کئے ہیں جو ایک ایسے دین کے پیروکار ہیں جو اپنے دائمی اور عالمگیر ہونے کا دعویٰ کرتا ہے، جو اپنی تعبیر میں لامحدود وسعتوں کا قائل ہے، ایسے دین کی اِتباع میں اس سے غیر متعلقہ پیوندکاری کی کیسے گنجائش نکل سکتی ہے؟

دوسری طرف سے یہ پریشانی ہے کہ پُرفتن حالات میں بھی علماے اسلام کی طرف سے ایسا حل پیش نہیں کیا جارہا جو پیش آمدہ مسائل کو بطریق اَحسن کامل طور پر حل کرنے کا ضامن ہو۔ پھر اس سے بھی بڑھ کر اَلمیہ یہ ہے کہ وہ اپنے ماحول اور معاشرے میں اپنی

دینی ثقافت کا رنگ بھی نہیں پاتا۔ اس کے پاس اَسلاف سے رشتہ و ناطہ جوڑنے کا صرف ایک ہی ذریعہ ہے یعنی وہ لٹریچر جو اَسلاف نے اپنے دور کے تقاضوں کو ملحوظ خاطر رکھ کر تیار کیا تھا۔ بالعموم ہمارے مسلم نوجوان ان مسائل کا شکار ہیں، کیونکہ بوڑھوں کی زندگی جن سانچوں میں ڈھلی ہوئی تھی، وہ اپنے دور کے فکری تقاضوں کے بقدر ہم آہنگ تھے۔ وہ انہیں پہ کاربند ہیں اور انہی کے مطابق رہنا چاہتے ہیں۔ چاہے حالات کا طوفان جس طرف بھی بہہ جائے جبکہ نوجوان ہر آنے والی تبدیلی کا بری طرح شکار ہوتے ہیں۔

ہماری نظر میں نوجوانوں کے ان مسائل کا حل دو چیزوں میں پنہاں ہے:

۱. دین سے گہرا رابطہ و رشتہ ۲. اخلاق

یہی دونوں چیزیں معاشرے کے ستون ہیں، انہی سے دنیا اور آخرت کی اِصلاح ہوسکتی ہے اور انہی کے ذریعے خیرات و برکات کو حاصل کیا جاسکتا اور شرور و آفات ختم ہوسکتی ہیں۔

یہ بات تو بلاشبہ ایک حقیقت ہے کہ جس طرح مکان صرف اپنے مکینوں سے ہی آباد ہوتا ہے ایسے ہی دین، دینداروں سے ہی قائم ہوتا ہے۔ جب وہ دین کے مطابق اپنی زندگی کو ڈھال لیں گے تو پھر ان کا دشمن چاہے کوئی بھی ہو تو اللہ ان کی مدد کریں گے۔

قرآن میں ہے:﴿يٰاَيُّهَا الَّذِينَ ءامَنوا إِن تَنصُرُوا اللَّهَ يَنصُركُم وَيُثَبِّت اَقدامَكُم ٧ وَالَّذينَ كَفَروا فَتَعسًا لَهُم وَاَضَلَّ اَعمٰلَهُم ٨ ﴾..... سورة محمد

"اے لوگو! جو ایمان لائے ہو، اگر تم اللہ کی مدد کرو گے تو وہ تمہاری مدد کرے گا اور تمہارے قدم مضبوطی سے جما دے گا۔ رہے وہ لوگ جنہوں نے کفر کیا ہے تو ان کے لیے ہلاکت ہے اور اللہ نے ان کے اعمال کو بھٹکا دیا ہے۔"

جب حقیقت یہ ہے کہ دین صرف دینداروں کے ذریعے ہی قائم ہوتا ہے تو ہم اہل

اسلام اور اس کا عَلم اٹھانے والوں پر لازم ہے کہ سب سے پہلے بذاتِ خود اس پر عمل پیرا ہوں۔ تاکہ ہم دنیا کے لیے قیادت و ہدایت کا فریضہ سر اَنجام دے سکیں اور توفیق و اصلاح کا محور بن سکیں۔ ہم پر لازم ہے کہ ہم اللہ کی کتاب اور اس کے رسول کی سنّت سیکھیں جو ہمیں قول و عمل اور راہنمائی و دعوت کا اہل بنادے تاکہ ہم ہر اُس شخص کے لیے جو حق و باطل کی تلاش اور اس میں امتیاز کا اِرادہ رکھتا ہے، اَسلاف کی روایات کے امین اور روشن چراغ کے متحمل بن سکیں۔

پھر ہم پر یہ بھی لازم ہے کہ جو کچھ ہم نے سیکھا ہے، اسے اپنی عملی زندگی میں ایسی تطبیق کریں جس کا چشمہ ایمان و یقین اور اخلاص و اتباع سے پھوٹے۔ صرف باتیں اور دعوے ہی کرنا اہل اِسلام کے شایان شان اور لائق نہیں، کیونکہ جب عمل بات کی تصدیق نہ کرے تو قائل کی بات کوئی مثبت اَثر نہیں رکھتی بلکہ اس کی دعوت کے اثرات برعکس ہوسکتے ہیں۔ اِرشاد باری تعالیٰ ہے:﴿يـٰأَيُّهَا الَّذينَ ءامَنوا لِمَ تَقولونَ ما لا تَفعَلونَ ٢ كَبُرَ مَقتًا عِندَ اللَّهِ أَن تَقولوا ما لا تَفعَلونَ ٣ ﴾..... سورة الصف

"اے لوگو جو ایمان لائے ہو، تم کیوں وہ بات کہتے ہو جو کرتے نہیں ہو؟ اللہ کے نزدیک یہ سخت ناپسندیدہ حرکت ہے کہ تم کہو وہ بات جو کرتے نہیں۔"

ہمارے لیے زیادہ مناسب یہی ہو گا کہ ابتداءً ہم اپنی بحث کا آغاز اس طریقے سے کریں کہ نوجوانوں کے اَفکار و اعمال کے بارے میں غور کریں تاکہ جو اعمال صالح ہوں ان کی حوصلہ اَفزائی کر سکیں اور جو فاسد ہیں ان کی اصلاح کی جاسکے، کیونکہ آج کے نوجوان کل کے ذمہ دار شہری ہیں اور نوجوان ہی وہ اَساس ہیں جن پر اُمّت کے مستقبل کی بنیاد ہے۔ اسی وجہ سے نصوصِ شرعیہ میں اُن کے ساتھ اچھا سلوک اور اس چیز کی طرف رہنمائی کرنے پر اُبھارا گیا ہے جس میں اِصلاح اور خیر ہو اور جب نوجوانوں کی

اصلاح ہو جائے گی تو عنقریب اُمّت کا مستقبل روشن ہو جائے گا پھر ہمارے بزرگ نسل کے جانشین نیک اور صالح لوگ ہوں گے۔ نوجوان ہی اُمّت کی وہ اَساس ہیں جن پر اُمت کے مستقبل کا دار و مدار ہے اور ان کی اصلاح دو مضبوط معاشرتی ستونوں یعنی دین و اخلاق پر مبنی ہے۔

نوجوانوں کے رجحانات

جب ہم ایک تحقیقی نظر سے عصر حاضر کے نوجوانوں کے بارے میں غور و خوض کرتے ہیں تو ہمیں تین طرح کے لوگ نظر آتے ہیں:

۱. وہ نوجوان جو صراطِ مستقیم پر گامزن ہیں۔

۲. وہ نوجوان جو الحاد و دہریت کی راہ اختیار کر چکے ہیں۔

۳. وہ نوجوان جو دونوں رجحانات کے مابین ابھی تک حیران و پریشان ہیں۔

صراطِ مستقیم پر گامزن نوجوانوں کے اَوصاف

وہ نوجوان جو صراطِ مستقیم پر چلنے والے ہیں وہ درج ذیل اَوصاف کے حامل ہوتے ہیں:

۱. ایسا نوجوان جو اسلام کے تمام تقاضوں کو کماحقہ تسلیم کرتا ہے، وہ اپنے دین پر محبت کے ساتھ ایمان لاتا ہے۔ اس کے تمام فرائض کی بجا آوری اور اس پر فخر کرتا ہے اس کے ساتھ کامیابی کو غنیمت اور اس سے محرومی کو سراسر خسارہ سمجھتا ہے۔

۲. ایسا نوجوان جو اللہ کے دین کے لیے مخلص ہو کر اُس اکیلے کی بلا شرکت غیرے عبادت کرتا ہے۔

۳. ایسا نوجوان جو اپنے رسول محمد مصطفیٰ ﷺ کے قول و عمل اور اَوامر و نواہی میں اِتباع کرتا ہے، کیونکہ وہ آپ ﷺ پر ایمان لایا ہے کہ آپ ﷺ اللہ کے رسول اور

میرے پیشوا و مطاع ہیں۔

۴. ایسا نوجوان جو اپنی اِستطاعت کے مطابق بہترین طریقے سے نماز اَدا کرتا ہے اور نماز پڑھنے سے جو اِنفرادی، اجتماعی، دینی اور دنیاوی فوائد حاصل ہوتے ہیں، ان پر وہ ایمان رکھتا ہے۔

۵. ایسا نوجوان جو زکوٰۃ کو مکمل صورت میں اس وجہ سے ادا کرتا ہے کہ اس سے اسلام اور مسلمانوں کی ضرورتیں پوری ہوتی ہیں نیز یہ کہ اس کی اَدائیگی سے اسلام کے پانچ اَرکان میں سے ایک رکن کا تقاضا پورا ہو جاتا ہے۔

۶. ایسا نوجوان جو خواہ گرمی ہو یا سردی رمضان کے روزے رکھتا ہے۔ اپنی خواہشات و لذّات سے خود کو باز رکھتا ہے۔ اس لیے کہ وہ اپنے ربّ کی رضا پر ایمان رکھتا ہے۔ چنانچہ وہ اپنی نفسانی خواہشات کو اس چیز سے جوڑے رکھتا ہے جسے اس کے ربّ نے اس کے لیے پسند کیا ہے۔

۷. ایسا نوجوان جو اس لیے بیت اللہ میں حج کا فریضہ اَدا کرتا ہے کہ وہ اللہ اور اس کے گھر سے محبت کرتا ہے اور اس کی رحمت و مغفرت کے شہروں کی طرف سفر کرنا پسند کرتا ہے نیز مسلمان بھائی جو اُن شہروں کی طرف جا رہے ہیں، اُن کے ساتھ شریک ہونا اسے اچھا لگتا ہے۔

۸. ایسا نوجوان جو اللہ پر ایمان رکھتا ہے کہ اس نے اسے پیدا کیا ہے اور زمین و آسمان کو بھی پیدا کیا ہے، کیونکہ وہ اللہ کی ایسی نشانیاں دیکھتا ہے جو اس کے وجود پر اتنی واضح دلالت کرتی ہیں کہ اس کے وجود میں کسی قسم کے شک و تردّد کی گنجائش ہی نہیں رہ جاتی۔ چنانچہ یہ کائنات جو اپنی شکل اور نظام میں ایک بالکل نئی اور وسیع و عریض ایجاد ہے، وہ اسے دیکھتا ہے تو یہ اپنے مُبدع و موجد کے وجود، اس کے کمالِ قدرت اور اس کی

بالغ حکمت پر قطعی طور پر دلالت کرتی دکھائی دیتی ہے۔ کیونکہ یہ کائنات خود بخود وجود میں آہی نہیں سکتی اور یہ بھی ممکن نہیں کہ اَچانک وجود میں آجائے۔ چنانچہ یہ اپنے وجود سے پہلے معدوم تھی اور معدوم تو وجود نہیں رکھتا، کیونکہ وہ غیر موجود ہے۔ ایسے ہی یہ بھی ممکن نہیں کہ یہ کائنات خود بخود معرضِ وجود میں آجائے۔ کیونکہ اس کا ایک نظام ہے جو جدید اور متناسب و مسلسل ہے جو اپنے طے شدہ قانون سے متغیر اور مختلف نہیں ہوتا، وہ قانون جسے اللہ نے اس کے لیے مقرر کیا کہ یہ اس پر چلے۔ قرآن میں ہے:

﴿فَلَن تَجِدَ لِسُنَّتِ اللَّهِ تَبدِيلًا ۖ وَلَن تَجِدَ لِسُنَّتِ اللَّهِ تَحوِيلًا ٤٣ ﴾...... سورة فاطر

"تم اللہ کے طریقہ میں ہرگز کوئی تبدیلی نہ پاؤ گے اور تم کبھی نہ دیکھو گے کہ اللہ کی سنّت کو اس کے مقررہ راستے سے کوئی طاقت پھیر سکتی ہے۔"

نیز فرمایا:﴿ما تَرىٰ فى خَلقِ الرَّحمـٰنِ مِن تَفـٰوُتٍ ۖ فَارجِعِ البَصَرَ هَل تَرىٰ مِن فُطورٍ ٣ ثُمَّ ارجِعِ البَصَرَ كَرَّتَينِ يَنقَلِب إِلَيكَ البَصَرُ خاسِئًا وَهُوَ حَسيرٌ ٤ ﴾.... سورة الملک

"تم رحمٰن کی تخلیق میں کسی قسم کی بے ربطی نہ پاؤ گے پھر پلٹ کر دیکھو، کہیں تمہیں کوئی خلل نظر آتا ہے؟ بار بار نگاہ دوڑاؤ۔ تمہاری نگاہ تھک کر نامراد پلٹ آئے گی۔"

لہٰذا جب یہ کائنات ایک بدیع اور متناسب وہموار نظام پر چل رہی ہے تو یہ بات ناممکن ہے کہ یہ اَچانک یا اتفاقیہ طور پر معرضِ وجود میں آجائے۔ کیونکہ اگر یہ خود اتفاقیہ طور پر معرضِ وجود میں آئی ہوگی تو پھر لامحالہ اس کا انتظام بھی اتفاقیہ ہوگا جو کسی بھی لمحہ تبدیل یا مضطرب ہو سکتا ہے۔

۹. ایسا نوجوان جو فرشتوں پر ایمان رکھتا ہے، کیونکہ اللہ تعالیٰ نے اپنی کتاب اور اس کے رسول نے ان کے بارے میں سنّت میں خبر دی ہے۔ مزید یہ کہ کتاب و سنت میں

ان کے وہ اَوصاف، عبادات اور اعمال بھی موجود ہیں جن سے وہ متصف ہیں اور وہ مخلوق کی مصلحت کے لیے ہیں۔ یہ تمام خبریں ان کے وجود کی حقیقت پر قطعی دلیل ہیں۔

۱۰. ایسا نوجوان جو اللہ کی ان کتابوں پر ایمان رکھتا ہے جو اس نے اپنے رسولوں پر نازل فرمائی ہیں اور صراطِ مستقیم کی طرف رہنمائی بھی کرتی ہیں۔ کیونکہ عقل انسانی کے لیے یہ ممکن ہی نہیں تھا کہ وہ عبادات و معاملات کی مصلحتوں کا تفصیلاً اِدراک کر سکتی۔

۱۱. ایسا نوجوان جو اللہ کے نبیوں اور اس کے اُن رسولوں پر ایمان لاتا ہے جنہیں اللہ نے مخلوق کی طرف مبعوث کیا تھا جنہوں نے اس کی مخلوق کو نیکی کی طرف دعوت دی، نیکی کا حکم دیا اور بُرائی سے روکا تاکہ رسولوں کے بعد ان پر کوئی حجت نہ رہے اور سب سے پہلے رسول نوح تھے اور سب سے آخری پیامبر محمد ﷺ ہیں۔

ایسا نوجوان جو یوم آخرت پر ایمان لاتا ہے کہ اس میں اللہ تعالیٰ لوگوں کو اُن کی موت کے بعد اس لیے اُٹھائے گا تاکہ وہ اُنہیں ان کے اعمال کی جزا دے۔ فرمانِ الٰہی ہے:

﴿فَمَن يَعمَل مِثقالَ ذَرَّةٍ خَيرًا يَرَهُ ٧ وَمَن يَعمَل مِثقالَ ذَرَّةٍ شَرًّا يَرَهُ ٨ ﴾..... سورۃ الزلزال

"پھر جس نے ذرہ برابر نیکی کی ہو گی وہ اس کو دیکھ لے گا اور جس نے ذرہ برابر بدی کی ہو گی، وہ اس کو دیکھ لے گا۔"

یہ اسی وجہ سے ہے کہ آخرت، دنیا کا حاصل اور کھیتی ہے۔ چنانچہ دنیا کی زندگی کا کوئی فائدہ اور حکمت و مقصد ہی نظر نہیں آتا جب تک مخلوق کے لیے ایک ایسا دن نہ ہو جس میں نیک کو اپنی نیکی کا اور بُرے کو اپنی بُرائی کا جزا وصلہ نہ ملے۔

۱۲. ایسا نوجوان جو تقدیر کے اچھے بُرے ہونے پر ایمان رکھتا ہے یعنی وہ ایمان لاتا ہے کہ ہر چیز اللہ کے قضا اور اس کی قدر کے ساتھ ہے۔ مزید یہ کہ اَسباب اور ان کے

اَثرات و نتائج پر ایمان لاتا ہے۔ وہ مانتا ہے کہ خوش بختی اور بد بختی کے بھی اَسباب ہیں۔

١٣. ایسا نوجوان جو دین اسلام کو اللہ، اس کے رسول ﷺ، مسلمان حکمران او رعام رعایا کے لیے بھلائی کے ساتھ اختیار کرتا ہے۔ لہٰذا وہ مسلمانوں کے ساتھ اس طرح واضح اور صراحت سے معاملات کو سرانجام دیتا ہے جیسے باقی مسلمانوں کے لیے ضروری ہے کہ وہ اس کے ساتھ معاملہ کریں یعنی اس معاملے نہ کوئی دھوکہ ہو، نہ مغالطہ، نہ ٹال مٹول اور نہ ہی کوئی بات چھپائی جائے۔

١٤. ایسا نوجوان جو اللہ کی طرف بصیرت کے ساتھ اس طریقے سے بلاتا ہے جو اللہ نے اپنی کتاب میں بیان فرمایا ہے۔ جیسے:

﴿ ادعُ إِلىٰ سَبيلِ رَبِّكَ بِالحِكمَةِ وَالمَوعِظَةِ الحَسَنَةِ ۖ وَجـٰدِلهُم بِالَّتى هِىَ أَحسَنُ ۚ ......١٢٥ ﴾..... سورة النحل "اے نبی ﷺ، اپنے ربّ کے راستے کی طرف دعوت و حکمت اور عمدہ نصیحت کے ساتھ اور لوگوں سے مباحثہ کرو ایسے طریقہ پر جو بہترین ہو۔"

١٥. ایسا نوجوان جو نیکی کا حکم دیتا ہے اور بُرائی سے منع کرتا ہے۔ وہ اس بات پر ایمان رکھتا ہے کہ اسی میں قوموں اور اُمّت کی سعادت ہے۔ قرآن میں ہے:

﴿ كُنتُم خَيرَ أُمَّةٍ أُخرِجَت لِلنّاسِ تَأمُرونَ بِالمَعروفِ وَتَنهَونَ عَنِ المُنكَرِ وَتُؤمِنونَ بِاللَّهِ ۗ....... ١١٠﴾...... سورۃ آل عمران

"تم ایک بہترین اُمّت ہو جو لوگوں کے لیے بھیجی گئی ہو نیکی کا حکم کرتے ہو اور منکر سے منع کرتے ہو اور اللہ پر ایمان لاتے ہو۔"

١٦. ایسا نوجوان جو بُرائی کو اس طریقے سے بدلنے کی کوشش کرتا ہے جیسے بدلنے کا رسول اللہ ﷺ نے فرمایا ہے: «من رای منکم منکرًا فلیغیّره بیده فإن

لم يستطع فبلسانه فإن لم يستطع فبقلبه»۱

"جو تم میں سے بُرائی دیکھے، وہ اسے اپنے ہاتھ سے بدل دے۔ اگر ہاتھ سے بدلنے کی اِستطاعت نہیں تو زبان سے بدل دے، اگر زبان سے بھی نہیں بدل سکتا تو اسے دل سے بُرا جانے۔"

۱۷. ایسا نوجوان جو سچ بولتا ہے اور سچائی کو تلاش کرتا ہے، کیونکہ سچائی نیکی کی طرف اور نیکی جنّت کی طرف رہنمائی کرتی ہے۔ ایک آدمی ہمیشہ سچ بولتا ہے اور ہمیشہ سچائی کی تلاش میں رہتا ہے تو وہ اللہ کے ہاں سچا لکھا جاتا ہے۔

ایسا نوجوان جو تمام مسلمانوں کے لیے بھلائی کو پسند کرتا ہے، کیونکہ آپ ﷺ نے فرمایا ہے:«لا يؤمن احدكم حتى يحب لاخيه ما يحب لنفسه»۲

"تم میں سے کوئی اس وقت تک مؤمن نہیں ہو سکتا جب تک وہ اپنے بھائی کے لیے بھی وہی چیز پسند نہ کرے جو وہ اپنے لیے پسند کرتا ہے۔"

۱۸. ایسا نوجوان جو اللہ تعالیٰ اور اُمّت و وطن کے سامنے مسؤلیت کا شعور رکھتا ہے وہ اپنی 'اَنا' سے بلند و بالا ہو کر ہمیشہ دین، اُمّت اور وطن کے لیے جد و جہد کرتا ہے۔ ذاتی اور اِنفرادی مصلحت پر اجتماعی مصلحتوں کو ترجیح دیتا ہے۔

۱۹. ایسا نوجوان جو اللہ کے لیے، اتنے اِخلاص سے دین کی ترویج کی کوشش کرتا ہے کہ اس میں کسی قسم کی ریا یا شہرت کی طلب نہیں ہوتی۔ خود پسندی کا شکار ہوئے بغیر اور صرف اُسی ذات پر بھروسہ کر کے افراط و تفریط سے بچتے ہوئے اسلام اور اہل اسلام کی خدمت کے لیے اپنی زبان، ہاتھ اور مال سے مجاہدہ و جہاد کرتا ہے۔

۲۰. ایسا نوجوان جو صاحبِ خُلق اور صاحب دین ہوتا ہے یعنی وہ اچھے اخلاق کا حامل ہوتا ہے۔ دین میں راہِ راست پر چلنے والا ہوتا ہے۔ نرم گوشہ اور عالی ظرف ہوتا

ہے۔ کریم النفس اور پاکیزہ دل، صابر و متحمل مزاج ہوتا ہے۔ لیکن پُرعزم اور اپنے فرصت کے لمحات کو ضائع نہیں کرتا۔ اس کی عقل و اصلاح کے پہلو پر نرمی اور سستی غالب نہیں آتے۔

۲۱. ایسا نوجوان جو دانا اور سنجیدہ ہوتا ہے۔ کام کرتا ہے تو حکمت اور خاموشی، مشقت اور بھرپور یقین کے ساتھ۔ اپنی عمر کا ہر لمحہ ایسی مصروفیت میں گزارتا ہے جو اس کے لیے اور اس کی اُمّت کے لیے نفع بخش ہوتا ہے۔

۲۲. یہ نوجوان اپنے دین و اَخلاق اور اپنے رویے کا محافظ ہوتا ہے۔ وہ ہر اس چیز سے دور رہتا ہے جو اس کی مؤمنانہ طرزِ زندگی کے مخالف ہوتی ہے۔ یعنی کہ ہر ایسی فکر، اِلحاد، فسق و عصیان، گھٹیا اَخلاق اور بُرے معاملات سے ہر طرح کی دوری اختیار کرتا ہے۔

پس اِس طرح کا نوجوان اُمّت کے لیے فخر کا باعث اور اُمت کی حیات، سعادت اور دین کی روح ہے۔ یہی وہ نوجوان ہے جس کے بارے میں ہم اللہ سے اُمید رکھتے ہیں کہ وہ اپنے فضل سے اسلام اور مسلمانوں کے خراب حالات کی اصلاح کرے گا اور سالکین اِلیٰ اللہ کا راستہ روشن کرے گا۔ یہی وہ نوجوان ہے جو دنیا و آخرت کی سعادت کو پالیتا ہے۔

دوسری قسم: گمراہی کا شکار نوجوان

۱. دوسری قسم کا وہ نوجوان ہے جو اَپنے عقیدے میں منحرف، رویے میں جلد باز، اپنی ذات میں متکبر اور رذائل میں ڈوبا ہوا، اس پر مستزاد یہ کہ حق قبول نہیں کرتا اور باطل سے خود کو روکتا نہیں۔ اپنے معاملات میں ایسی آزادانہ روش اختیار کرتا ہے گویا کہ وہ دنیا کے لیے اور دنیا صرف اس اکیلے کے لیے پیدا کی گئی ہے۔

۲. ایسا نوجوان جو حقوق اللہ اور حقوق العباد ضائع کرنے پر کسی قسم کی پروا نہیں کرتا۔

۳. ایسا نوجوان جو لاقانونیت کا حامی اور انار کی مزاج رکھتا ہے، اپنے رویے اور تمام معاملات میں غیر معتدل ہوتا ہے۔ اپنی رائے کو ایسے پسند کرتا ہے گویا اسی کی زبان پر حق جاری ہوتا ہے اور دوسرے غلطیوں اور خطاؤں کا پتلا ہیں۔

۴. اَیسا نوجوان اپنے دین کے معاملے میں راہِ راست اور اپنے معاملات میں اجتماعی رسوم ورواج سے اَٹا ہوا ہوتا ہے، لیکن اس کا بُرا عمل اس کے لیے مزین ہوتا ہے چنانچہ وہ اسے اچھا ہی تصور کرتا ہے۔ درحقیقت اپنے اَعمال میں سب سے زیادہ ناکام ونامراد وہی لوگ ہیں جن کی دنیا کی زندگی میں ساری سعی وجہد راہِ راست سے بھٹکتے گزری اور وہ سمجھتے رہے کہ وہ سب کچھ ٹھیک کررہے ہیں۔

۵. یہ نوجوان اپنی ذات پر نحوست اور اپنے معاشرے پر مصیبت ہوتا ہے۔ وہ اُمت کو قعرمذلت میں گرادیتا ہے۔

تیسری قسم

تیسری قسم کا وہ نوجوان ہے جو حیران و سرگرداں ہوتا ہے۔ وہ واضح شاہراہ کی بجائے چوراہوں پر ہی متردّد و متحیر ہوا رہتا ہے۔ حق کو پہچان جاتا ہے، اس پر مطمئن بھی ہو جاتا ہے اور معاشرے میں نیک بن کر زندگی بسر کررہا ہوتا ہے۔ مگر اَچانک اس پر ہر طرف سے بُرائی کے دروازے کھل جاتے ہیں۔ پھر اس کے عقیدے میں شک، رویے میں اِنحراف اور عمل میں فساد پیدا ہو جاتا ہے۔

اس طرح کا نوجوان جو اپنی طرزِ زندگی میں منفی رویہ اختیار کرتا ہے۔ وہ ایک قوی سہارے کا محتاج ہوتا ہے جو اسے حق کی طرف لے جائے۔ ایسے نوجوان کو جب اللہ تعالیٰ خیر کا داعیہ عطا فرماتے ہیں تو اس پر بھلائی کا راستہ آسان ہو جاتا ہے بالخصوص جب وہ صاحبِ حکمت، صاحبِ علم اور نیت حسنہ کا حامل ہو۔

اس طرح کے نوجوانوں نے پرورش تو ایک اسلامی معاشرے میں پائی ہوتی ہے، لیکن سائنسی علوم بہت زیادہ پڑھے ہوتے ہیں۔ ان سائنسی علوم کی تعبیر یا تو حقیقتاً شریعتِ اسلامیہ کے مخالف ہوتی ہے یا وہ نوجوان اپنی کج فہمی کی بنا پر اسے مخالف سمجھ بیٹھتے ہیں۔ اس طرح کی اضطرابی حالت سے چھٹکارے کا راستہ یہ ہے کہ اِسلامی ثقافت کو دل جمعی سے اختیار کیا جائے اور اسے اس کے اَصلی سرچشمہ یعنی کتاب و سنت سے حاصل کیا جائے، وہ بھی مخلص و متدین علما کے ہاتھوں۔

نوجوانوں کے انحراف کے اسباب اور اُن کا حل

اگر بغور جائزہ لیا جائے تو نوجوانوں کی گمراہی واِنحراف کے کئی اَسباب سامنے آتے ہیں کیونکہ نوجوانی کی عمر ہی ایک ایسی عمر ہے جس میں انسان پر جسمانی، فکری اور عقلی حیثیت سے بڑی تیزی سے تبدیلیاں رونما ہو رہی ہوتی ہیں۔ اِنسانی جسم نشو و نما اور اِرتقا کی طرف گامزن ہوتا ہے۔ ہر لمحہ نئے تجربات اور تازہ احساسات عقل و فکر کے دریچے کھولتے جاتے ہیں۔ پھر اس کے ساتھ ساتھ شعور واِدراک کی نت نئی منازل بھی طے ہونا شروع ہو جاتی ہے جس کی بنا پر انسان سوچ و فکر کی نئی راہیں متعین کرنے کی کوشش کرتا ہے۔ دوسری طرف جذبات کی شدت فیصلوں میں عجلت پر مجبور کرتی ہے۔ ان اَحوال میں نوجوانوں کو ایسے مربیوں کی ضرورت ہوتی ہے جو اعلیٰ اور لطیف حکمت و بصیرت کے ساتھ اِعتدال کا دامن اُن کے ہاتھ سے چھوٹنے نہ دیں۔ بڑے احتیاط اور صبر و تحمل کے ساتھ صراطِ مستقیم کی طرف لے چلیں۔ اب ہم ایک مربی کے لیے ہم ان پانچ اَہم ترین اَسباب کا ذکر کرتے ہیں جو آج کل کے نوجوانوں کے بگاڑ میں نمایاں کردار اَدا کرتے ہیں تاکہ بعد میں حسبِ حال اِصلاح ممکن ہو سکے۔

ا۔ فراغت

نوجوانوں کی تباہی و ہلاکت کا اہم ترین سبب فراغت ہے۔ جسم انسانی کو اللہ تعالیٰ نے اصلاً متحرک وفعال بنایا ہے۔ لہٰذا اس کی ساخت اور کیفیت تقاضا کرتی ہیں کہ یہ ہر دم حرکت میں رہے۔ حرکت کا تعطل اس کے لیے فکری، عقلی بلکہ ظاہری اِعتبار سے بھی زہر قاتل ہے۔ فکری پراگندگی و اِنتشار، ذہنی رذالت و سطحیت، مجاہدانہ اُلوالعزمی کی بجائے کم حوصلگی، خواہشاتِ نفسانی اور وساوس شیطانی فراغت کے ہی کرشمے ہیں، کیونکہ جسم نے تو اپنے تقاضے کے مطابق حرکت میں رہنا ہی ہے۔ اب وہ حرکت بالخصوص اس وقت جب اسے شدتِ جذبات کی پشتیبانی بھی حاصل ہو تو بجائے مثبت اور تعمیری کاموں پر لگنے کے وہ منفی اور تخریبی اُمور سرانجام دیتی ہے۔ جس سے معاشرتی بگاڑ پیدا ہوتا ہے اور مسلّمہ اَقدار کی بے حرمتی ہونا شروع ہو جاتی ہے۔

اس مسئلے کا حل یہ ہے کہ ایسے نوجوانوں کو ذہنی یا عملی طور پر ان صلاحیت کے مطابق مصروف رکھا جائے۔ تعلیمی، فنی، تجارتی، انتظامی یا دیگر سرگرمیوں میں سے کسی کی طرف لگا دیا جائے۔

۲۔ بڑوں اور چھوٹوں کے درمیان دوری

نوجوانوں کی بے راہ روی میں اس فاصلے اور بُعد کا بھی بڑا حصہ کارفرما ہے جو ہمارے معاشرے میں بڑی عمر کے لوگ چھوٹی عمر والوں کے درمیان حائل رکھتے ہیں۔ چاہے وہ نوجوان اُن کے اپنے خاندان سے تعلق رکھتے ہوں یا دوسروں سے۔ وہ بلا تفریق اُن سے بُعد اور دوری ہی اختیار کرتے ہیں۔ آپ بوڑھوں کو دیکھیں جب وہ نوجوانوں کی بے راہ روی اور اِنحراف کا مشاہدہ کرتے ہیں تو کہیں گے: 'بس جی آج کل دے منڈیاں تو اللہ دی پناہ' گویہ حیرت کدہ ہیں اور نوجوانوں کی اِصلاح سے مایوس و نااُمیّد نظر آئیں گے۔

بڑوں کے ایسے رویے سے پھر نوجوان بھی ان سے دوری کو ہی عافیت محسوس کرتے

ہیں۔ پھر وہ خواہ کوئی بھی حالات چاہے بہتری یا بدتری کے، ان معاملات میں بڑوں کو اپنے ساتھ شامل نہیں کرتے اور اپنے تئیں ان کا سامنا کرنا شروع کر دیتے ہیں۔ پھر اکثر تو حالات کی رو میں بہہ جاتے ہیں اور جن چند ایک کو پائے ثبات نصیب ہوتا ہے، وہ بھی گرتے گرتے سنبھلتے ہیں اور بوڑھوں نے تو اُن سب کی خرابی کے بارے میں ایک نفسیاتی سا کلیہ بنالیا ہوتا ہے جس سے معاشرتی دوریاں جنم لیتی ہیں، منفی رویے تشکیل پانا شروع ہو جاتے ہیں، نوجوان بوڑھوں کو اور بوڑھے نوجوانوں کو بنظر حقارت دیکھنا شروع کر دیتے ہیں۔ دونوں گروہوں کے انہی رویوں کی وجہ سے کئی طرح کے خطرات معاشرے کے دروازے پر دستک دینا شروع کر دیتے ہیں۔

اِس مشکل کا حل یہ ہے کہ دونوں گروہوں کے رویوں میں حسبِ ضرورت تبدیلیاں پیدا ہوں۔ بجائے فراق و بعد کے قربت و اِتحاد ہو۔ پورا معاشرہ جسدِ واحد کی طرح اپنے اَندر یگانگت کو جنم دے اور یہ شعور معاشرے کے ہر فرد میں رچ بس جائے کہ تمام اَفراد معاشرہ ایک ہی جسدِ واحد کے مختلف اَعضا ہیں۔ ایک کی خرابی و فساد تمام کی بربادی کا سبب بنے گی۔ بوڑھوں کو چاہیے کہ وہ اپنے دلوں میں نوجوانوں کی اصلاح کا درد پیدا کریں، ان کے بارے میں حسرت و یاس ترک کریں کیونکہ اللہ تعالیٰ تو ہر چیز پر قدرتِ تامّہ رکھتا ہے۔ کتنے ہی وہ لوگ ہیں جو ضلالت و گمراہی کے قعر مذلت میں گرے ہوئے تھے، اللہ تعالیٰ نے انہیں منارۂ نور اور شمع ہدایت بنا دیا۔

دوسری طرف نوجوانوں کو چاہیے کہ وہ بوڑھوں کے بارے میں اپنے رویّوں میں تبدیلی لائیں، ان کی آرا کا اِحترام کریں۔ اُن کی طرف سے پیش کردہ مسائل و معاملات کی توجیہات کو قبول کریں کیونکہ وہ بڑے تجربات کا ماحصل ہوتی ہیں۔ وہ زندگی کے ان تلخ حقائق سے گزرے ہوتے ہیں جن سے ابھی تک نوجوان دوچار نہیں ہوتے۔ اس طرح

جب بوڑھوں کی فکر اور حکمت و دانائی نوجوانوں کی رہبر و رہنما بنے گی تو معاشرہ ترقی او رعروج میں آسمان کی بلندیوں کو چھونے لگے گا۔

۳۔ گمراہ لوگوں کی صحبت

نوجوانوں کی گمراہی کا تیسرا سبب اُن کی ایسے لوگوں کے ساتھ صحبت اور میل جول رکھنا ہے جو گمراہ ہیں۔ صحبت ان عوامل میں سے سب سے زیادہ مؤثر ترین عامل ہے جس سے نوجوان متاثر ہوتے ہیں۔ یہ چیز ان کی عقل و فکر اور رویوں کو بدل کر رکھ دیتی ہے۔ آں حضرت ﷺ نے ارشاد فرمایا: «المرء علی دین خلیلہ ینظر احدکم من یخالل» ۳یعنی آدمی اپنے ہم نشین ساطرزِ زندگی اپناتا ہے چنانچہ کسی کی ہم نشینی سے پہلے اس کے بارے میں غور کرلو کہ وہ کیسا ہے؟ اور آپ ﷺ نے ایک جگہ فرمایا:

«مثل الجلیس السوء کنافخ الکیر اما ان یحرق ثیابک واما ان تجد منہ رائحۃ کریحۃ» ۴

"برے مجلسی کی مثال لوہار کی بھٹی کی طرح ہے یا تو وہ تیرے کپڑے جلادی گی یا پھر تو اس کے دھوئیں کو چکھ لے گا۔"

صحبتِ صالح را صالح کند صحبتِ طالع راطالع کند

اس مسئلے کا حل یہ ہے کہ نوجوانوں کو چاہیے ایسے لوگوں کی صحبت اختیار کریں جو نیکی اور بھلائی کا سرچشمہ ہوں اور عقل و دانش کا پیکر ہوں تا کہ اُن سے کسبِ خیر، اِصلاح اَحوال اور عقل کو جلا بخشی جائے۔ اس لیے کسی صحبت سے پہلے اس معاملات اور رویوں کو خود بھی پرکھنا اور دوسرے لوگوں سے بھی سن لینا چاہئے۔ اگر تو وہ صاحبِ اخلاق، صاحبِ دین اور اعلیٰ کردار کا مالک ہو اور لوگ بھی اسے اچھا کہیں یعنی دید شنید دونوں ہی بہتر ہوں تو اس کی طرف دوستی کا ہاتھ بڑھاؤ، تعلقات اِستوار کرو۔ اس کے برعکس اگر وہ بد اَخلاق اور بد کردار ہے تو اس سے دوری اختیار کر جاؤ۔ چاہے وہ اپنی صورت میں چاند

سے زیادہ خوبصورت ہو، اپنی باتوں میں شہد سے زیادہ شیرینی رکھتا ہو، اپنی شخصیّت اور ظاہری وضع قطع کے لحاظ سے کمال کو پہنچا ہوا ہو تو پھر بھی اس سے اجتناب کرو۔ کیونکہ یہ تمام ظاہری خوبیاں شیطان، بندگانِ الٰہ کو گمراہ کرنے کے لیے استعمال کرتا ہے۔ کیونکہ اس کی ظاہری چمک دمک نظروں کو خیرہ کر دیتی ہے۔ سو اس وجہ سے لوگ اس کی طرف کھنچے چلے آتے ہیں لیکن در حقیقت وہ بد قسمت شیطان کے لیے آلہ گمراہی اور فسق و فجور ہوتا ہے۔

اب کسی پوشاک میں کردار کی خوشبو نہیں رہی
چھپ گئی ہے انسان کی پہچان ملبوسات میں!

۴۔ منفی کتابوں کا مطالعہ اور انٹرنیٹ کا غلط استعمال

نوجوانوں کی گمراہی کا چوتھا سبب ایسے رسائل و مجلّات، اخبارات اور کتابیں وغیرہ پڑھنا ہے، جو ایک نوجوان کے دل میں اس کے عقائد و نظریات کے بارے تردّد و شک کی راہ ہموار کرتے ہیں۔ اسے اَخلاقِ رذیلہ پر آمادہ کرتے اور کفر و فسق میں مبتلا کر دیتے ہیں۔ بالخصوص اس وقت جب کسی فرد کی تربیت پر ثقافت اِسلامیہ کے اَثرات اچھی طرح مرتب نہ ہوں، اور وہ اپنے دین کے فہم کے حوالے سے ایسی بصیرت سے محروم ہو جو حق و باطل کے درمیان اچھی طرح خطِ امتیاز کھینچ سکے اور اپنے لیے نافع و ضرر رساں کا گہرے شعور کے ساتھ اِدراک کر سکے۔ اس طرح کی کتابوں کا مطالعہ نوجوان کو ایڑیوں سے پھیر دیتی ہے اور وہ اپنی سادہ لوحی کی وجہ سے ان گمراہوں کو نہ چاہتے ہوئے قبول کر بیٹھتا ہے۔

اس مشکل کا حل یہ ہے کہ نوجوان ایسی تخریبی کتابوں کے مطالعہ سے گریز کرے اور ان کتابوں کے مطالعے میں غرق ہو جو اُس کے دل کو محبتِ الٰہی اور محبتِ رسول ﷺ

کا سرچشمہ بنا دے اور اس کے ایمان و عمل صالح کی جڑیں مضبوط کر دے، پھر صرف ایسی ہی کتابیں پڑھنے پر اکتفا کرے۔ دوسری قسم کی منفی رجحانات پیدا کرنے والی کتابوں سے گریز کرے تو پھر آہستہ آہستہ وہ محسوس کرے گا کہ پہلے منفی اثرات مرتب کرنے والی کتب پڑھنے کی وجہ سے اس کے دل و دماغ میں تشکیک و تردّد کے جو کانٹے چبھ گئے تھے، وہ نکل رہے ہیں۔ اسے اَندازہ ہوتا جائے گا کہ وہ شک و اِضطراب کی دنیا سے باہر آ رہا ہے۔ اس کا سرکش نفس اللہ، رسول ﷺ کی اطاعت پر آمادہ ہو رہا ہے، اس کا دل لہو و لعب کی دنیا سے اُچاٹ ہو رہا ہے۔ اس سلسلے میں سب سے اہم ترین کتاب 'کتاب اللہ' ہے اور جو ان کی تفسیر و بیان پر مشتمل ہیں، چاہے وہ تفسیر بالمنقول ہو یا تفسیر بالرائے المحمود ہو۔ اسی طرح سنت رسول ﷺ کا مطالعہ بھی اِنتہائی ضروری، نفع بخش اور مفید ہے، پھر وہ کتابیں جو ایسے استدلال و استنباط اور فقہی مسائل پر مشتمل ہوں جو علمائے ربانیین نے ان دونوں مصادرِ اَصلیہ و اساسیہ سے نکالے ہیں۔

۵۔ اِسلام کے بارے میں بدگمانیاں

دورِ جدید میں مغربی فلسفہ و فکر کے تسلط کی وجہ سے نوجوان طبقہ فکری طور پر اِسلام کے بارے میں بہت سی بدگمانیوں کا شکار ہوا ہے۔ چنانچہ مغربی فلسفے کے تمام اِعتراضات کو اگر پیش نظر رکھا جائے تو اسلام کے حوالے سے مجموعی طور پر یہ تاثر ابھرتا ہے کہ اسلام ایک ایسا دین ہے جو انسان کی آزادی سلب کر کے اسے فکری و عملی لحاظ سے قید کر کے رکھ دیتا ہے، ترقی کے دروازے مسدود کر دیتا ہے، صلاحیتوں پر بندشیں عائد کر دیتا ہے اور انسان کو دقیانوس بنا دیتا ہے۔ یہی وہ اعتراض و خدشات ہیں جو دورِ جدید کے نوجوانوں کے قلب و ذہن پر طاری و مسلط ہو جاتے ہیں جس کی وجہ سے وہ اسلام سے بباطن یا بظاہر اظہارِ بیزاری اور برات کا اظہار کر دیتا ہے۔ نعوذ باللہ

اس مسئلے کا حل یہ ہے کہ ایسے نوجوانوں کے سامنے اسلام کے حقائق سے پردہ کشائی کی جائے۔ کیونکہ وہ اسلام کے بارے میں پہلے تو بطریق اَحسن آگاہی ہی نہیں رکھتے ہوتے اور اگر رکھتے بھی ہیں تو وہ بھی ناقص و کم علمی پر مبنی ہوتی ہے۔ ایسے نوجوانوں کو سمجھایا جائے کہ اسلام لوگوں کی آزادیاں سلب نہیں کرتا بلکہ ان کے اَندر نظم و ضبط پیدا کرتا ہے اور اپنے اَحکام کی معتدل، بہترین توجیہات پیش کرتا ہے تاکہ ایک انسان کی آزادی دوسروں کی آزادی کو متاثر نہ کرے، کیونکہ جب ہم ایک انسان کی منشا کے مطابق اسے شتر بے مہار آزادی دیں گے تو وہ دوسروں کے لیے بہت زیادہ پریشانی پیدا کرے گی۔ ایسے معاشرے میں تصادم رونما ہو جائے گا اور لاقانونیت چھا جائے گی پھر فساد و بربریت آئے گی۔ اگر آپ غور فرمائیں تو اسی وجہ سے اللہ تعالیٰ نے اپنے احکام شریعت کو لفظ 'حدود' سے تعبیر فرمایا ہے۔ اللہ جب کسی کام سے منع کرتے ہیں تو فرماتے ہیں:
﴿تِلکَ حُدودُ اللهِ فَلا تَقرَبوہا﴾

"یہ اللہ کی حدیں ہیں ان کے قریب بھی نہ بھٹکو۔"

اسی طرح اللہ جب کسی کام کے کرنے کا حکم فرماتے ہیں تو بھی کہتے ہیں: ﴿تِلکَ حُدودُ اللّٰہِ فَلا تَعتَدوہا﴾ "یہ اللہ کی حدیں ہیں ان میں تجاوز نہ کرو۔"

لہٰذا بات کرتے وقت اس چیز کا خیال رکھنا چاہیے کہ قید اور نظم و ضبط کے تقاضوں کے درمیان فرق ہوتا ہے۔ اگر آپ اس نظم و ضبط کو بھی قید ہی کہیں گے تو پھر اس عُقدے کو کیسے حل کریں گے کہ اس کائنات کے اُمورِ کونیہ کے اَندر یہی نظم و ضبط ہے بلکہ انسان خود اپنی فطرت و طبیعت کے اعتبار سے ایک نظم طبعی کا پابند ٹھہرایا گیا ہے۔ انسان بھوک، پیاس کے سامنے بے دست و پا ہے، اس کے لیے وہ کھانے، پینے کے ایک وسیع نظام کا پابند ہے، وہ مجبور و مضطر ہے کہ وہ مخصوص اَقسام کی ہی چیزیں کھا پی سکتا

ہے۔ پھر ان کی مخصوص مقدار اور مخصوص کیفیت کے ساتھ ہی کھا سکتا ہے۔ یعنی وہ گھاس کو اپنی خوراک نہیں بنا سکتا، وہ باسی اور خراب کھانا نہیں کھا سکتا، اسی طرح وہ ایک مخصوص مقدار سے زیادہ کھانا نہیں کھا سکتا۔ اگر اس کے مخالف چلے گا تو اپنے جسم کی سلامتی و صحت کھو بیٹھے گا۔

چنانچہ اسی طرح اپنا اجتماعی اور معاشرتی نظم برقرار رکھنے کے لیے اِنسان نظم وضبط یا قوانین و ضوابط کا پابند ہوتا ہے۔ اپنے آپ معاشرتی وحدت میں پرونے کے لیے متعلقہ معاشرے کے رسوم ورواج، عادات واَطوار اور مجلس کے آداب کی پاسداری کرتا ہے۔ اپنے لباس کی تراش خراش، اپنے گھر کی شکل و ہیئت، اسی طرح سڑکوں اور راستوں کے قوانین کی پابندی انسان کرتا ہے اور ان رسوم و قوانین کی خلاف ورزی کرنے پر اسے اخلاقی یا قانونی سزا بہر حال بھگتنا پڑتی ہے۔ اور ان قوانین ورسوم کی بندش دراصل انسان کو اس لیے محسوس نہیں ہوتی، کیونکہ وہ ان سے مانوس ہو چکا ہوتا ہے۔

اگر غور کیا جائے تو زندگی ساری کی ساری حدود وضوابط میں جکڑی ہوئی ہے، کیونکہ اگر ایسے نہیں ہوگا تو معاملات کیسے چلیں گے اور اُنہیں اپنے مطلوبہ اَنجام تک کیسے پہنچایا جائے۔ معاشرے کی اصلاح اور لاقانونیت ختم کرنے کے لیے ایک اجتماعی نظم کی پیروی کرنا ہی پڑتی ہے، کوئی شہری اس کی مخالفت نہیں کرتا۔

بس ایسے ہی اِصلاحِ اُمت کے لیے شرعی قوانین کی پیروی کرنا ضروری ہے۔ لہٰذا یہ کہنے کا کوئی جواز ہی نہیں رہتا کہ اسلام انسانی آزادی سلب کرلیتا ہے۔ یہ تو اسلام پر ایک بہت بڑا بہتان ہے اور اس طرح کا گمان رکھنے والا اللہ کی عدالت میں مجرم ہوگا۔ اور یہ بھی غلط ہے کہ اسلام انسانی صلاحیتیں محدود کرکے رکھ دیتا ہے۔ اُنہیں ترقی اور نشوونما کے مواقع فراہم نہیں کرتا جبکہ حقیقتِ حال تو یہ ہے کہ انسان کی صلاحیتوں کے ارتقا کے

لیے اِسلام نے فکری، ذہنی اور جسمانی طور پر ایک وسیع میدان چھوڑا ہے جس میں کودنے کے بعد انسانی نئی جولانیوں ذہن نئے افقوں سے روشناس ہوتے ہیں پھر جسم انسانی نئی قوتوں اور حرارتوں کا ملجا بن جاتا ہے۔ چنانچہ اسلام انسان کو سوچنے اور غوروخوض کرنے کی دعوت دیتا ہے تاکہ اس کی فکری و عقلی صلاحیتوں کو جلا بخشی جائے۔

قرآن کہتا ہے:﴿قُل إِنَّما اَعِظُكُم بِوٰحِدَةٍ ۖ اَن تَقوموا لِلّٰهِ مَثنىٰ وَفُرٰدىٰ ثُمَّ تَتَفَكَّروا......٤٦﴾..... سورة صبا

"اے نبی ﷺ! ان کہو کہ 'میں تمہیں بس ایک بات کی نصیحت کرتا ہوں۔ اللہ کے لئے تم اکیلے اکیلے اور دو دو مل کر اپنا دماغ لڑاؤ اور سوچو۔"

اِسلام صرف غوروفکر کی ہی دعوت نہیں دیتا بلکہ وہ توان لوگوں کو معیوب گردانتا ہے جو اَپنی عقل وفکر سے کام نہیں لیتے:

﴿اَوَلَم يَنظُروا فى مَلَكوتِ السَّمٰوٰتِ وَالاَرضِ وَما خَلَقَ اللّٰهُ مِن شَىءٍ ...... ١٨٥﴾....... سورة الاعراف

"کیاان لوگوں نے آسمان وزمین کے انتظام پر کبھی غور نہیں کیااور کسی چیز کو بھی جو خدانے پیدا کی ہے، آنکھیں کھول کر نہیں دیکھا؟"

﴿وَمَن نُعَمِّرهُ نُنَكِّسهُ فِى الخَلقِ ۖ اَفَلا يَعقِلونَ ٦٨ ﴾...... سورة يٰس

"جس شخص کو ہم لمبی عمر دیتے ہیں اس کی ساخت کو ہم الٹ ہی دیتے ہیں کیا (یہ حالات دیکھ کر) اُنہیں عقل نہیں آتی؟"

اَب آپ خود ہی انصاف سے فیصلہ فرمائیں جو اِسلام اتنی زیادہ غوروخوض کی دعوت دیتا ہو، بھلا کیسے ممکن ہے وہ انسانی صلاحیتوں کی نشوونما کو روک کر رکھ دے!!

﴿كَبُرَت كَلِمَةً تَخرُجُ مِن اَفوٰهِهِم ۚ إِن يَقولونَ إِلّا كَذِبًا ٥ ﴾...... سورة الكهف

"بڑی بات ہے جو ان کے منہ سے نکلتی ہے، وہ محض جھوٹ بکتے ہیں۔"

پھر اسی طرح اِسلام نے بدنی وجسمانی نشو و نما کے لیے ہر اس چیز کی اِجازت مرحمت فرمادی ہے جو انسان کو بدنی، دینی اور عقلی لحاظ سے کوئی نقصان نہ پہنچائے۔ چنانچہ قرآن کہتا ہے کہ﴿یٰاَیُّہَا الَّذینَ ءامَنوا کُلوا مِن طَیِّبٰتِ ما رَزَقنٰکُم وَاشکُروا لِلّٰہِ ......۱۷۲ ﴾..... سورة البقرة

"اے لوگو جو ایمان لائے ہو، جو پاک چیزیں ہم نے تمھیں بخشی ہیں انہیں بے تکلف کھاؤ اور اللہ کا شکر اداؤ کرو۔"

اسلام نے وہ تمام ملبوسات زیب تن کرنے کی اجازت دی ہے حکمت اور فطرت کے مطابق ہیں:﴿یٰبَنی ءادَمَ قَد اَنزَلنا عَلَیکُم لِباسًا یُوٰری سَوءٰتِکُم وَریشًا ۖ وَلِباسُ التَّقوىٰ ذٰلِکَ خَیرٌ ۚ ......۲۶﴾...... سورة الاعراف

"اے اولادِ آدم! ہم نے تم پر لباس نازل کیا کہ تمہارے جسم کے قابل شرم حصوں کو ڈھانکے اور تمہارے لیے جسم کی حفاظت اور زینت کا ذریعہ بھی ہو اور بہترین لباس تقویٰ کا لباس ہے۔"

اسی طرح اسلام نے معاشی میدان میں بھی انسان کی صلاحیتوں پر بندشیں عائد نہیں کیں بلکہ ہر اس بیع، تجارت اور ذریعہ آمدنی کو جائز قرار دیا ہے جو عدل وانصاف او رباہمی رضا مندی کے ساتھ سرانجام پائے: ﴿وَاَحَلَّ اللّٰہُ البَیعَ وَحَرَّمَ الرِّبوٰا.........۲۷۵﴾...... سورة البقرة

"حالانکہ اللہ نے تجارت کو حلال کیا ہے اور سود کو حرام۔"

حوالہ جات

۱. صحیح مسلم:۴۹

۲. صحیح بخاری :۱۳

۳. سنن ابوداود: رقم ۴۱۹۳

۴. صحیح بخاری: ۵۱۰۸

يٰاَيُّهَا الَّذينَ ءامَنوا إِن تَنصُرُوا اللَّهَ يَنصُركُم وَيُثَبِّت اَقدامَكُم ﴿٧﴾

***

۲

اصلاح معاشرہ کا اسلامی تصور

خالد علوی

معاشرہ:

معاشرہ عاشر یعاشر کا مصدر ہے۔ اس کے معنی مل جل کر رہنے کے ہیں۔ اصلاح کا مادہ ص۔ل۔ح۔ ہے عربی میں صلح صلاحاً کے معنی فساد زائل کرنا ہے۔ اصلح شیئاً کے معنی اس نے کسی چیز کو درست کیا چونکہ معاشرہ کے معنی مل جل کر رہنے کے ہیں اس لئے معاشرہ سے مراد افراد کا وہ مجموعہ ہے جو باہم مل جل کر رہے۔ اجتماعیت کے بغیر انسانی زندگی ناممکن ہے اور انسان پیدائش سے لیکر موت تک معاشرے کا محتاج ہے۔ انسان ہر متعلقہ شے کے لئے معاشرے کا محتاج دوست نگر ہے۔ اگر اس سے تمام علائق حذف کر دیئے جائیں تو پھر اس کے پاس کچھ باقی نہ رہے اور انسانی زندگی کی حیثیت ختم ہو جائے۔ اجتماعی زندگی کے بغیر انسان کے اعمال، اغراض اور عادات کی کوئی قیمت نہ رہے۔

معاشرے مختلف بنیادوں پر قائم ہوتے رہے ہیں۔ مثلاً برادری، قوم، زبان، مذہب اور جغرافیائی حدود وغیرہ۔ انسانی تاریخ میں جتنے معاشرے تشکیل پاتے ہیں۔ ان میں تقریباً یہی عوامل کارفرما رہے ہیں۔ علمائے معاشرت نے لکھا ہے کہ انسانی زندگی کی اجتماعی ترقی میں ان عوامل نے بہت اہم کردار انجام دیا ہے۔ ان کا کہنا ہے کہ انسان اپنی بنیادی

ضرورتوں میں بقائے نسل اور تحفظ ذات کی طرف زیادہ توجہ دیتا رہا ہے، انسان کی اجتماعی زندگی پر نظر رکھنے سے پتہ چلتا ہے کہ اس نے اپنی زندگی میں دو امور کو پیش نظر رکھا ہے۔

☆ ایک یہ کہ وہ اس طرح زندگی بسر کرے کہ اس کی اپنی ذات کی تکمیل ہو۔

☆ دوسرے یہ کہ ایسے اصول و ضوابط تیار کرے جن کے ذریعے وہ باقی انسانوں کے ساتھ خوشگوار تعلقات قائم کرنے میں کامیاب ہو جائے۔

مختلف معاشروں کی تباہی:

انسان نے یقیناً ہر دور میں کوشش کی ہے کہ اس کی معاشرتی زندگی مستحکم رہے۔ ہم جب حیاتِ انسانی کے ارتقا پر نظر ڈالیں تو ہمیں اِس کا رُخ اجتماعیت کی طرف نظر آتا ہے۔ تاریخ انسانی نے مختلف معاشرے تشکیل دیئے اور گردشِ زمانہ نے مختلف معاشروں کو پیوند خاک بھی کیا۔ "قرآن کریم" نے بھی مختلف قوموں کی تباہی کا ذِکر کیا ہے۔

قومِ نوح کا ذکر کرتے ہوئے فرمایا:

﴿وَاَغرَقنَا الَّذينَ كَذَّبوا بِـٔايٰتِنا... ﴿٦٤﴾... سورۃالاعراف

ہم نے اپنی آیتیں جھٹلانے والوں کو ڈبو دیا۔

ایک جگہ ارشاد فرمایا:

﴿اَلَم يَاتِكُم نَبَؤُا الَّذينَ مِن قَبلِكُم قَومِ نوحٍ وَعادٍ وَثَمودَ ۛ وَالَّذينَ مِن بَعدِهِم...﴿٩﴾... سورة ابراہیم

کیا تمہیں ان کی خبر پہنچی جو تم سے پہلے تھے؟ قومِ نوح، عاد اور ثمود کی اور جو لوگ ان کے بعد ہوئے۔

ہدایت کو بھلا کر متکبرانہ رویہ اختیار کرنے والے معاشروں کو پیوند خاک کیا گیا۔

چنانچہ قارون اور فرعون کے ذکر میں قرآنِ پاک میں یوں وضاحت کی گئی ہے:

﴿وَقٰرونَ وَفِرعَونَ وَہٰمٰنَ ۖ وَلَقَد جاءَہُم موسىٰ بِالبَيِّنٰتِ فَاستَكبَروا فِى الأَرضِ وَما كانوا سٰبِقينَ ﴿٣٩﴾ فَكُلًّا أَخَذنا بِذَنبِهِ ۖ فَمِنهُم مَن أَرسَلنا عَلَيهِ حاصِبًا وَمِنهُم مَن أَخَذَتهُ الصَّيحَةُ وَمِنهُم مَن خَسَفنا بِهِ الأَرضَ وَمِنهُم مَن أَغرَقنا ۚ وَما كانَ اللَّهُ لِيَظلِمَهُم وَلٰكِن كانوا أَنفُسَهُم يَظلِمونَ ﴿٤٠﴾... سورة العنكبوت

اور ہم نے قارون اور فرعون اور ہامان کو بھی ہلاک کیا اور ان کے پاس موسیٰؑ کھلی دلیلیں لے کر آئے تھے۔ پھر ان لوگوں نے زمین میں سرکشی کی اور بھاگ نہ سکے تو ہم نے ہر ایک کو اس کے گناہ کی سزا میں پکڑ لیا سو ان میں سے بعضوں پر ہم نے تند ہوا بھیجی اور ان میں سے بعض کو ہولناک آواز نے آدبایا اور ان میں سے بعض کو ہم نے زمین میں دھنسا دیا اور ان میں بعض کو ڈبو دیا اور اللہ ایسا نہ تھا کہ ان پر ظلم کرتا، لیکن یہی لوگ اپنے اوپر ظلم کیا کرتے تھے۔

پچھلی قوموں کی تباہی پر غور کرنے کے ضمن میں فرمایا:

﴿أَوَلَم يَسيروا فِى الأَرضِ فَيَنظُروا كَيفَ كانَ عٰقِبَةُ الَّذينَ كانوا مِن قَبلِهِم ۚ كانوا هُم أَشَدَّ مِنهُم قُوَّةً وَءاثارًا فِى الأَرضِ فَأَخَذَهُمُ اللَّهُ بِذُنوبِهِم وَما كانَ لَهُم مِنَ اللَّهِ مِن واقٍ ﴿٢١﴾... سورة المؤمن

کیا وہ زمین میں چلتے پھرتے نہیں، پس دیکھئے ان کا انجام کیا ہوا جو ان سے پہلے تھے وہ قوت میں اور زمین میں نشانیاں چھوڑنے میں ان سے بڑھ کر تھے، سو اللہ نے انہیں گناہوں کی وجہ سے پکڑا اور کوئی انہیں اللہ تعالیٰ (کی سزا) سے بچانے والا نہ تھا۔

معاشروں کی قسمیں:

غیر اسلامی معاشروں میں تکمیل ذات کے لئے محدود مذہبی رسوم اور معاشرتی زندگی کے لئے وہ رسوم ورواجات اور اصول وضوابط ہوتے ہیں جنہیں انسانی ذہنوں نے وقتاً فوقتاً حالات کی مجبوریوں کے تحت اور دباؤ کی وجہ سے ترتیب دیا ہے۔ ان معاشروں

میں زندگی غیر متوازن اور عادات و اطوار غیر معتدل ہوتی ہیں اور تمام انسانی معاملات میں انفرادی، طبقاتی، قومی اور نسلی خود غرضیاں رونما ہو جاتی ہیں۔ دو انسانوں کے تعلق سے لے کر قوموں کے تعلق تک کوئی رابطہ ایسا نہیں جس میں کجی نہ آگئی ہو۔

اسلامی معاشرہ:

غیر اسلامی معاشرہ:

اسلامی معاشرہ:

اس کے برعکس اسلامی معاشرہ ایک ایسی متوازن اور معتدل زندگی کا نام ہے جس میں انسانی عقل، رسوم و رواج اور معاشرتی آداب وحی الٰہی کی روشنی میں طے پاتے ہیں۔ یہ نظام ایسا جامع اور ہمہ گیر ہے کہ زندگی کے تمام مظاہر اور حیات کی جملہ سرگرمیاں اس کے دائرہ میں آجاتی ہیں۔ الہام ربانی کے اصولوں کے مطابق معاشرے کی صحیح زندگی اس کا توازن ہے جہاں کہیں پر توازن بگڑا وہیں فساد رونما ہو گیا۔ انسانوں کی معاشرتی تاریخ اصلاح و فساد، توازن و عدم توازن کی تصویر پیش کرتی ہے۔ ہر زمانے میں فساد کو مٹانے اصلاح پر گامزن کرنے کی کوششیں ہوتی رہی ہیں۔

بگاڑ غالب رہا ہے:

تاریخ سے یہ بات پایہ ثبوت کو پہنچتی ہے کہ انسانی اصلاح کے تھوڑے بہت نتائج بھی مرتب ہتے رہے لیکن بحیثیت مجموعی انسان کی معاشرتی زندگی میں بگاڑ غالب رہا۔

چنانچہ قرآن پاک میں ہے:

﴿اعمَلوا ءالَ داوۥدَ شُكرًا ۚ وَقَليلٌ مِن عِبادِيَ الشَّكورُ ﴿١٣﴾... سورة سبا

اے آلِ داوٗد شکر کرتے ہوئے عمل کرو اور میرے بندوں میں سے تھوڑے شکر گزار ہیں۔

اسی طرح قرآن پاک نے مختلف اقوام کا ذکر کرتے ہوئے فرمایا:
﴿وَفِرعَونَ ذِی الاَوتادِ ﴿١٠﴾ الَّذینَ طَغَوا فِی البِلٰدِ ﴿١١﴾ فَاَکثَروا فیہَا الفَسادَ ﴿١٢﴾... سورۃ الفجر

اور میخوں والے فرعون کے ساتھ جنہوں نے شہروں میں سرکشی کی سو ان میں بہت فساد کیا۔

چنانچہ اسی فساد کو مٹانے کے لئے اللہ تعالیٰ نے انبیاء علیہم السلام و مصلحین کرام کو بھیجا، جو وقتاً فوقتاً اس فساد کو دور کرنے کے لئے اصلاحی کوشش کرتے رہے۔ اس وقت ہمارے پیش نظر یہ ہے کہ ہم اسلامی نقطہ نظر سے اصلاح معاشرہ کا تصور پیش کریں اور یہ جائزہ لیں کہ:

o اسلامی لحاظ سے معاشرے کے اندر بگاڑ کیسے شروع ہوتا ہے؟

o اس کے اسباب کیا ہوتے ہیں؟

o نتائج کیا ہو سکتے ہیں؟

o اصلاح کیسے ہو سکتی ہے؟

o اصلاح کا طریقِ کار کیا ہو سکتا ہے؟

معاشرہ کے بگاڑ اور بناؤ کے ذکر سے قبل دو باتیں بیان کرنی بہت ضروری معلوم ہوتی ہیں:

o فردِ معاشرہ کا خالق کائنات سے کیا تعلق ہے؟

o فرد کا دوسرے افرادِ معاشرہ کے ساتھ اور معاشرے کی اجتماعی حیثیت سے کیا ربط ہے؟

کسی معاشرے کا تجزیہ کرنے کے لئے ان دو اصولوں کو پیش نظر رکھنا نہایت ضروری ہے۔ کیونکہ ان دو اصولوں کی بنائ پر انسان کی انفرادی سیرت کا تعین اور اجتماعی

کردار کا مفہوم واضح ہو گا۔ ہم سب سے پہلے دیکھیں گے کہ افراد کے ذہنوں میں خدا کا تصور ہے یا نہیں؟ اگر ہے تو ناقص ہے یا صحیح؟ اس کے بعد ہی فیصلہ ہو گا کہ افراد کا باہمی تعلق، ہمدردی، ایثار اور محبت و عفو کا ہے یا کینہ و عناد، انتقام اور سخت گیری کا؟ یہ وہ تجزیہ ہے جس سے معاشرے کے امراض کا پتہ چلتا ہے۔ پھر اس میں ایک اور بات کا اضافہ کیا جا سکتا ہے کہ انسانی سیرت و کردار کی تکمیل کے لئے خدا کے کامل تصور کی ضرورت ہے۔ اگر خدا کا تصور ناقص ہو تو اس سے سیرت و کردار کی تکمیل بھی ناقص ہوتی ہے۔ پھر اصلاحِ احوال کی تدبیر بھی یہیں سے کی جا سکتی ہے۔ اس سے اصلاح کا تصور واضح ہوتا ہے کہ مرض اور بگاڑ کہاں ہے؟ اور اس کی اصلاح کس طرح ہو سکتی ہے۔ بنیادی طور پر اس کو دو حصوں میں تقسیم کر سکتے ہیں:

☆ فکر و نظر کا بگاڑ

☆ قول و فعل کا بگاڑ

فکر و نظر کا بگاڑ:

انسانی زندگی چونکہ بنیادی طور پر نظریات پر استوار ہے، اس لئے نظریات و افکار میں بگاڑ انسان کی پوری سیرت و کردار کو متاثر کرتا ہے۔ جب ہم کسی معاشرے کا تجزیہ اس پہلو سے کرتے ہیں تو اس میں افراد کی نظریاتی و فکری کیفیتوں کو سامنے رکھنا ضروری ہوتا ہے۔

فکری بگاڑ میں سب سے پہلی زد انسان کی اپنی شخصیت پر پڑتی ہے جس کا نتیجہ یہ ہوتا ہے کہ وہ افراط و تفریط کا شکار ہو جاتا ہے۔ لہٰذا کبھی تو وہ اپنے متعلق غلط فہمی کا شکار ہو کر "انا ربکم الاعلٰی" کا نعرہ لگاتا ہے۔ اور کبھی اپنے آپ کو مرتبۂ انسانیت سے بھی گرا کر، اپنی ہی جیسی مخلوق کے سامنے سجدہ ریز ہو جاتا ہے (قرآن پاک نے انسان کی اس ذہنی

کیفیت کا نقشہ ان الفاظ میں کھینچا ہے۔

﴿اُولٰٓـئِكَ كَالۡاَنۡعَامِ بَلۡ هُمۡ اَضَلُّ...۱۷۹﴾... سورۃ الاعراف

"یعنی یہ لوگ انسان ہونے کے باوجود حیوانوں سے بھی گئے گزرے ہیں کہ جنہیں اپنی حیثیت کا احساس تک بھی نہیں)"

انسان کی یہ روش اس کے غلط طرزِ فکر کا ہی نتیجہ ہے جس میں انکارِ خدا، شرک، انکارِ آخرت، خیر و شر کی تمیز سے انکار، بامقصد زندگی سے انکار اور انسان کی اصل حیثیت اور مرتبہ سے انکار سب شامل ہیں۔ فکر و نظر کے اس بگاڑ سے انسانی زندگی کے جملہ احوال متاثر ہوتے ہیں اور اس کا اثر معاشرے کی انفرادی اور اجتماعی زندگی پر غالب ہوتا ہے۔

اب ہم مختصر طور پر فکر و نظر کے بگاڑ کی مندرجہ بالا صورتوں کا جائزہ لیں گے۔

انکارِ خدا:

ایک غلط طرزِ فکر کا حامل ذہن جب کائنات اور اپنی زندگی کے متعلق سوچتا ہے۔ تو اس نتیجہ پر پہنچتا ہے کہ تخلیق کائنات کا کوئی مقصد نہیں اور نہ ہی کائنات کا کوئی خالق ہے اور اگر ہے تو بھی انسانی زندگی سے اس کا کوئی تعلق نہیں، اس بیہودی و بے راہ ذہن کی نظر میں انسان کی حیثیت ایک جاندار مخلوق سے زیادہ نہیں جس کی پیدائش کسی خاص حادثہ کا نتیجہ ہے اور جس کا نظامِ یات بھی کسی حادثہ ہی کا شکار ہو کر ختم ہو جائے گا۔

اس کے خیال میں انسان کا کوئی مالک، مختار اور حاکم نہیں جس کے سامنے وہ جواب دہ ہے اور نہ ہی اس کی نظر میں انسایت کے لئے کوئی سرچشمہ ہدایت موجود ہے، لہٰذا قانون بنانا، اپنی قوتوں کا مصرف تجویز کر کے انہیں بروئے کار لانا اور اپنے لئے راہِ عمل متعین کرنا اس کا اپنا کام ہے۔ صاف ظاہر ہے کہ ایک انسان جب اس طرزِ فکر کو اپنا کر

اپنی عملی زندگی میں قدم رکھے گا تو لا محالہ غلط طرزِ عمل اختیار کرے گا اور یہ چیز لازمی طور پر ایک غلط معاشرہ کی تشکیل و تعمیر پر منتج ہو گی۔ نظریہ انکار خدا کا اگر ہم تجزیہ کریں تو ہمیں معلوم ہو گا کہ اس کی وجہ سے انسان کی انفرادی زندگی کے ساتھ ساتھ، اس کی اجتماعی زندگی بھی متاثر ہوتی ہے کیونکہ انفرادی زندگی میں جب انسان خود ہی اپنے لئے راہِ عمل اختیار کرے گا، خود ہی قوانین مرتب کرے گا، خود ہی اصولِ زندگی وضع کرے گا۔ اور اپنی خواہشاتِ نفسانی اور مقتضائے جسمانی کا حل اپنے ہی ذہن سے تلاش کرے گا تو نتیجہ یہ ہو گا کہ وہ ایک خود غرض، مادہ پرست، ابن الوقت اور عملی طور پر بالکل ایک شترِ بے مہار کی طرح ہو جائے گا کہ جو راہ چاہے اپنے لئے متعین کرے اور جو بھی طرزِ عمل چاہے اختیار کرے۔

چنانچہ جب ایسی انفرادی زندگی، اجتماعی طرزِ حیات کا رنگ اختیار کرے گی، تو نتیجہ یہ ہو گا کہ سیاست کی بنیاد انسانی حاکمیت پر ہو گی، تمام اصول و قوانین، خواہشات اور تجرباتی مصلحتوں کی بنا پر وضع کئے جائیں گے۔ بااختیار و اقتدار وہی لوگ سمجھے جائیں گے، جو طاقتور اور چالاک ہوں گے۔ سوسائٹی کی راہ نمائی ان لگوں کے ہاتھ میں ہو گی جو مکار، جھوٹے، داباز، سنگدل اور خبیث النفس ہوں گے۔ جن کی کتابِ آئین میں طاقت کا نام حق و صداقت اور کمزوری، محرومی اور بیچارگی کا نام باطل ہو گا۔ غرض معاشرت اور طرز تمدن کا پورا نظام نفس پرستی پر قائم ہوا اور اجتماعیت چند آوارہ مزاج لوگوں کے لئے ایک منظم چراگاہ ہو گی۔

شرک:

انکارِ خدا کے بعد فکری بگاڑ کی دوسری وجہ شرک ہے۔

ایسے لوگ یقیناً کم ہوں گے جو خالقِ عالم اور قادرِ مطلق کے وجود کے منکر ہوں گے

لیکن ایسے لوگ بکثرت مل جائیں گے جو شرک کی بھول بھلیوں میں سر گردان ہیں۔ اگرچہ اللہ تعالیٰ نے انبیائے کرام کو مبعوث فرما کر مشرکین کے خلاف حجت قائم فرمادی ہے۔ لیکن بہت سے لوگ ایسے بھی ہیں جو اس غلط فہمی میں مبتلا ہیں کہ کچھ وجود، خدا کی صفات واختیارات میں کسی نہ کسی طرح شریک ہیں، باوجودیکہ قرآن مجید نے شرک کو بیخ وبن سے اکھاڑ کر رکھ دیا ہے۔

شرک کے تصور کے زیرِ اثر انسان جو طرزِ عمل اختیار کرتا ہے۔ اس سے انسان کی انفرادی اور اجتماعی زندگی متاثر ہوتی ہے۔ انسان کی پوری زندگی اوہام کی آماجگاہ بن جاتی ہے وہ اچھے اثرات کی موہوم امیدوار برے اثرات کے خوف میں مبتلا ہو جاتا ہے اور اپنی بہت سی قوتیں لاحاصل طریقے سے ضائع کر دیتا ہے۔ کبھی کسی قبر سے امید لگاتا ہے، کبھی بتوں پر بھروسہ کرتا ہے، کبھی کسی برے شگون سے دل برداشتہ ہو جاتا ہے اور کبھی خیالی قلعے تعمیر کرتا ہے، غرضیکہ شرک انسان کو فطری طریقے سے ہٹا کر غیر فطری راستے پر لاڈالتا ہے اور انسان کی زندگی میں پوجاپاٹ، نذرونیاز اور دوسری غیر شرعی رسموں کالا متناہی سلسلہ شروع ہو جاتا ہے۔ جس میں الجھ کر انسان کی سعی وعمل کا ایک حصہ بے نتیجہ ہو کر رہ جاتا ہے۔ اس کے علاوہ چالاک لوگ مشرکانہ توہم پرستی کے جال میں لوگوں کو پھانس کر لوٹ کھسوٹ شروع کر دیتے ہیں، شرکیہ عقیدے کی بدولت عام انسانوں کی گردنوں پر شاہی خاندانوں، روحانی پیشواؤں اور مذہبی عہدہ داروں کی خدائی کا جواء مسلط ہو جاتا ہے۔ اس سے نہ تو علوم وفنون ہی ترقی پاتے ہیں اور نہ ہی درست فلسفہ، صالح ادب اور تمدن وسیاست کے لئے فضا ہموار ہوتی ہے۔ انسایت گمراہی اور دھوکے کا شکار ہو کر خود اپنے ہی خلاف جنگ کرنا شروع کر دیتی ہے، اور بالآخر انہی راہوں پر گامزن ہو جاتی ہے جن کا ذکر انکارِ خدا کے ضمن میں کیا گیا ہے۔

انکارِ آخرت:

انکارِ آخرت بھی، انکارِ خدا اور شرک ہی کی ایک کڑی ہے۔

آخرت اصل میں نام ہے اعمال و افعال کے اس نتیجے کا جو اس دنیا میں ہم کر رہے ہیں اور اگر جزا و سزا کا تصور سرے سے ذہن میں موجود ہی نہ ہو تو اس کے معنی یہ ہوں گے کہ نیکی صرف دنیاوی فوائد اور برائی صرف دنیاوی نقصانات تک محدود ہو کر رہ جائے گی۔ ان حالات میں انسان کی حالت دو حال سے خالی نہ ہو گی۔ حالات ناموافق ہوں گے۔ تو نیکو کاری کے نتائج ظاہر نہ ہونے پر اس کی قوتِ عمل سرد پڑ جائے گی اور وہ برائی کی طرف مائل ہو جائے گا اور سازگار حالات کی صورت میں انسان نفس پرست بن جائے گا۔ اور دنیاوی خواہشات و لذات حاصل کرنے کے لئے جائز و ناجائز ذرائع کا استعمال شروع کر دے گا۔ اور یہ دونوں صورتیں انسایت کی تباہی کا سبب بن سکتی ہیں۔ یہ تو رہا انفرادی زندگی کا ماملہ اور اگر کہیں پوری سوسائٹی کے افعال و اعمال کا دارومدار اسی اعتقاد پر ہو تو پورا معاشرہ خود غرضی اور نفسانیت کی لپیٹ میں آئے گا۔ اور ایسے معاشرہ کے انجام کا تصور کرنا کچھ مشکل نہ ہو گا۔

بامقصد زندگی سے انکار:

جب تک انسان کے سامنے کوئی واضح لائحہ عمل اور نصیب العین نہ ہو گا۔ انسان کا کوئی عمل بھی تنظیم و انضباط سے ہمکنار نہ ہو سکے گا۔ اور اس کی زندگی صرف کھانے پینے اور خواہشات سے متمتع ہونے سے عبارت ہو کر رہ جائے گی۔ اور یا پھر کوئی انتہا پسند یا کوئی سر پھرا انسان جو اپنے آپ کو پیدائشی مجرم تصور کرتا ہے، اس جرم کی سزا بھگتنے کے لئے خواہشات و لذّات سے بالکل ہی کنارہ کش ہو جائے گا۔ اور ایک بامقصد زندگی گزارنے کی بجائے بیابانوں اور ویرانوں کی خاک چھانتا نظر آئے گا۔ لیکن اسلام کا تصورِ حیات ان

ہر دو صورتوں سے بیزار ہے۔ وہ تو انسان کو صحیح مقصدِ حیات سے ہمکنار کرنے کی خاطر ایک مبنی بر اعتدال و توازن راست پر چلنے کے لئے زور دیتا ہے۔ وہ انسان کو ایک ایسا اچھوتا نظامِ حیات بخشتا ہے جو انسانیت کے لئے ہر طرح سے اطمینان و تسکین کا حامل ہو۔ چنانچہ اللہ تعالیٰ نے قرآن مجید میں جہاں ایک مقام پر اپنے نیک بندوں کی پسندیدہ حالت کا نقشہ ان الفاظ میں کھینچا ہے کہ:

﴿قُل إِنَّ صَلاتى وَنُسُكى وَمَحياىَ وَمَماتى لِلَّهِ رَبِّ العٰلَمينَ ١٦٢﴾... سورة الانعام

(یعنی میری نماز قربانی اور حیات و ممات سب اللہ ہی کے لئے ہیں)

وہیں ایک دوسرے مقام پر یہ بھی ارشاد فرمادیا ہے کہ:

﴿وَمِنَ النّاسِ مَن يَعبُدُ اللَّهَ عَلىٰ حَرفٍ ۖ فَإِن أَصابَهُ خَيرٌ اطمَأَنَّ بِهِ ۖ وَإِن أَصابَتهُ فِتنَةٌ انقَلَبَ عَلىٰ وَجهِهِ خَسِرَ الدُّنيا وَالءاخِرَةَ ۚ ذٰلِكَ هُوَ الخُسرانُ المُبينُ ١١﴾... سورة الحج

"کچھ آدمی اللہ کی بندگی کنارے پر کرتے ہیں پھر اگر وہ بھلائی سے ہمکنار ہوئے تو اطمینان پاتے ہیں اور اگر کوئی آزمائش آپڑی تو منہ کے بل پلٹ گئے۔ یہ تو دنیا اور آخرت دونوں کا گھاٹا ہے اور صریح نقصان۔"

آپ انسان کی ان ہر دو حالتوں کو جائز لیجئے اور اس کے بین بین ایک راہِ اعتدال متعین کرلیجئے آپ کو معلوم ہو جائے گا کہ اسلام کی نظر میں بامقصد زندگی کا شعور اور اعلیٰ اور ارفع معیارِ حیات کا تصور کیا ہے۔ اور پھر اس بات کا سمجھنا بھی کچھ مشکل نہ ہو گا کہ اس معیارِ حیات کے تصور سے منحرف ہونے والے افراد یا معاشرہ کبھی پنپ نہیں سکتے۔

خیر و شر کی تمیز سے انکار:

خیر کے معنی بھلائی کے ہیں اور شر اس کی ضد ہے، خیر سے مراد وہ چیز ہے جو انسان کے لئے انفرادی یا اجتماعی افادیت کی حامل ہو۔ یہ افادیت مادی بھی ہو سکتی ہے اور روحانی

بھی، دنیوی بھی اور اخروی بھی۔ اور شر سے مراد وہ چیز ہے جو انسان کے لئے انفرادی یا اجتماعی رنگ میں ضرر رساں ہو، جس معاشرہ میں خیر و شر کی تمیز مٹ جائے (خیر اور شر کا معیار وحی الٰہی اور احکام قرآنی پر رکھا جائے گا) وہ ضلالت اور گمراہی کا شکار ہو جاتا ہے کیونکہ افراد کی نظر میں نیکی نیکی اور بدی بدی نہیں رہتی اور لوگ صرف ظاہری منفعتوں کے زیر اثر کام کرتے ہیں۔ ایسی قوم اور ایسے معاشرے کا زوال یقینی اور حتمی ہو جاتا ہے۔

معاشرے کا سب سے خطرناک پہلو یہ ہے کہ اگر اس میں ایسے لوگ بچ بھی جائیں۔ جو خیر و شر میں تمیز کر سکتے ہوں تو بھی شر کے غلبے، معاشی لوٹ کھسوٹ اور اخلاقی اقدار کو مٹتے دیکھ کر ہمت ہار بیٹھیں اور کنارہ کشی اختیار کر لیں۔ ایسے حالات میں اصلاح کی قطعاً کوئی گنجائش نہیں رہتی اور بالآخر معاشرہ تباہی اور بربادی کا شکار ہو جاتا ہے۔

یہ ہیں وہ محرکات اور وجوہات جو فکر و نظر میں بگاڑ پیدا کرتے ہیں۔ لہٰذا ایسی کیفیت سے معاشرے کو بچانے کے لئے یہ ضروری ہے کہ انسان کا مقصدِ زیست تعمیری اور اخلاقی ہو۔ وہ خدا، آخرت اور بامقصد زندگی پر ایمان رکھے۔ اور شرک سے اپنا دامن ملوث نہ ہونے دے۔

قول و فعل کا بگاڑ:

فکر و نظر کا بگاڑ قول و فعل کے بگاڑ کی بنیاد ہے کیونکہ انسان کا کردار نظریات کے خمیر سے اُٹھتا ہے۔ ماحول اور حالات اسے پختہ کر دیتے ہیں اور انسان کی اپنی کوشش اسے پائیدار بنا دیتی ہے۔ قول و فعل کے بگاڑ میں بے شمار چیزیں گنوائی جا سکتی ہیں لیکن قرآن پاک نے خیر شر کے جملہ پہلوؤں کو بڑی جامعیت کے ساتھ بیان کر دیا ہے۔

﴿إِنَّ اللَّهَ يَأْمُرُ بِالْعَدْلِ وَالْإِحْسَانِ وَإِيتَاءِ ذِي الْقُرْبَىٰ وَيَنْهَىٰ عَنِ الْفَحْشَاءِ وَالْمُنكَرِ وَالْبَغْيِ ۚ يَعِظُكُمْ لَعَلَّكُمْ تَذَكَّرُونَ ٩٠﴾... سورة النحل

"بیشک اللہ تعالیٰ عدل و احسان اور قریبیوں کے حقوق کی ادائیگی کا حکم دیتا ہے اور فحشاء، منکر اور بغی سے روکتا ہے، اللہ تمہیں نصیحت فرماتا ہے، تاکہ تم نصیحت مانو"

مندرجہ بالا آیت میں تین قسم کی برائیاں بیان کی گئی ہیں اور وہ ہیں۔ الفحشاء، المنکر اور البغی، اب ہم تھوڑی سی بحث اس بات پر کریں گے، کہ فحشاء، منکر اور بغی میں کون کون سی چیزیں شامل ہیں۔

الفحشاء:

یہ لفظ فحش سے نکلا ہے۔ الفواحش اس کی جمع ہے۔ جس کے معنی حدود فراموشی کے ہیں۔ زیادتی کر بیٹھنا، کسی بات سے تجاوز کرنا، گفتگو میں ادب و احترام کی حدود کو پھلانگ جانا (وغیرہ) بھی فحشاء ہی کے ضمن میں آتا ہے۔

قرآن کریم میں فحشاء کے مقابلے میں عدل کا لفظ آیا ہے۔ لٰہذا فحش کے معنی حدودِ خداوندی سے تجاوز اور سرکشی کے ہیں، سورۃ الانعام میں ہے:

﴿وَلا تَقرَبُوا الزِّنىٰ ۖ إِنَّهُ كانَ فـٰحِشَةً وَساءَ سَبيلًا ٣٢﴾... سورة الاسراء

"اور بدکاری کے پاس نہ جاؤ بیشک وہ بے حیائی اور بری راہ ہے۔"

عورتوں کے ضمن میں فاحشہ کا لفظ زنا کے لئے استعمال ہوا ہے، ایک جگہ ارشاد ہے:

﴿وَلا تَقرَبُوا الفَوٰحِشَ ما ظَهَرَ مِنها وَما بَطَنَ...١٥١﴾... سورة الانعام

"تم فواحش کے قریب نہ جاؤ خواہ وہ کھلے ہوں یا ڈھکے چھپے"

غرض قرآن پاک میں فحش کا لفظ مختلف جگہوں پر مختلف معانی میں آیا ہے۔ نیز لفظ فواہش اس بات پر دلالت کرتا ہے کہ فاحشہ صرف زنا ہی نہیں بلکہ دوسرے بے حیائی کے کام بھی فاحشہ میں شامل ہیں۔ سعت کے ساتھ اس کا اطلاق فحش گوئی اور فحش کاری پر ہوتا ہے جس کی ہر نوع سے اللہ تعالیٰ نے اپنے بندوں کو باز رہنے کی تاکید فرمائی ہے۔

المنکر:

فحشاء کے بعد جس چیز سے باز رہنے کی تاکید کی گئی ہے وہ منکر ہے۔ اس کے لغوی معنی ناشناسا کے ہیں۔ اس کے مقابلہ میں معروف (شناسا) کا لفظ آیا ہے۔ جو کام ہر طبقہ میں ناپسند کیا جاتا ہے اور جس کا مرتکب سب کی نگاہوں میں گر جاتا ہے اس کو منکر کہا جاتا ہے۔

رزائل کے لئے قرآن پاک میں سب سے عام لفظ منکر ہے۔ چنانچہ سورۃ المائدہ میں جن برائیوں سے روک ٹوک نہ کرنے پر بنی اسرائیل کو ملامت کی گئی ہے ان کو اسی لفظ منکر سے تعبیر کیا گیا ہے۔

﴿ كانوا لا يَتَناهَونَ عَن مُنكَرٍ ...٧٩﴾... سورة المائدة

"وہ ایک دوسرے کو برائی سے منع نہ کرتے تے۔"

شیطان کی پیروی کو بھی فحشاء اور منکر سے تعبیر کیا گیا ہے۔

﴿يـٰأَيُّهَا الَّذينَ ءامَنوا لا تَتَّبِعوا خُطُوٰتِ الشَّيطـٰنِ ۚ وَمَن يَتَّبِع خُطُوٰتِ الشَّيطـٰنِ فَإِنَّهُ يَأمُرُ بِالفَحشاءِ وَالمُنكَرِ...٢١﴾... سورة النور

"اے ایمان والو شیطان کے نقش قدم پر مت چلو اور جس نے ایسا کیا بیشک وہ بے حیائی اور برائی کا حکم دیتا ہے۔"

عرض المنکر ایک ایسا وسیع لفظ ہے جو ہر قسم کی برائیوں، بے حیائیوں، ناپسندیدہ اور غیر مانوس افعال کو محیط ہے اور اس سے بھی اجتناب کرنے کی قرآن مجید نے پرزور تاکید فرمائی ہے۔

البغی:

ابن کثیر بغی کو اس طرح بیان کرتے ہیں۔

«فاما البغي فهو عدوان على الناس» (ابن كثير ج ٢ ص ٨٢)

"یعنی لوگوں پر ظلم وزیادتی "بغی" ہے۔"

قرآن مجید میں ہے: ﴿خَصمانِ بَغىٰ بَعضُنا عَلىٰ بَعضٍ...٢٢﴾... سورة ص

"ہم دو جھگڑنے والوں نے ایک دوسرے پر زیادتی کی ہے"

ابن فارس نے اس کے دو معنی بیان کئے ہیں۔

ا۔ کسی چیز کی طلب میں میانہ روی کی حد سے بڑھنے کی کوشش کرنا۔

۲۔ بگڑ جانا۔ مطلق طلب کے معنوں میں بھی آتا ہے۔ جیسے ابتغاء رحمۃ۔

«فئۃ باغیۃ» 'اس جماعت کو کہتے ہیں جو حدود شکنی کرے اور نظامِ حکومت کے خلاف اٹھ کھڑی ہو۔

سورہ مریم میں "بغیّا" کا لفظ بدکاری کے معنوں میں آیا ہے۔

﴿قالَت اَنّىٰ يَكونُ لى غُلـٰمٌ وَلَم يَمسَسنى بَشَرٌ وَلَم اَكُ بَغِيًّا ٢٠﴾... سورة مريم

"بولیں کہ میرے ہاں لڑکا کیسے پیدا ہوگا مجھے تو کسی آدمی نے ہاتھ نہیں لگایا اور نہ میں بدکار ہوں۔"

﴿اَن يَكفُروا بِما اَنزَلَ اللَّهُ بَغيًا...٩٠﴾... سورة ا لبقرة

"یعنی جو کچھ اللہ نے اتارا ہے اس سے انکار کرتے ہیں، ضد کی وجہ سے۔"

مذکورہ بالا آیات سے البغی کے جو معانی علم میں آتے ہیں وہ ہیں، لوگوں پر ظلم و زیادتی کرنا، میانہ روی کی حد سے بڑھنے کی کوشش کرنا، کسی چیز کی طلب کے لئے انتہائی کوشش کرنا۔ حدود شکنی کرنا، بغاوت کرنا، بدکاری کرنا، ناجائز ضد کرنا وغیرہ وغیرہ۔ اور یہ بھی تمام ایسی چیزیں ہیں جن سے مجتنب رہنے کی قرآن مجید نے تلقین فرمائی ہے۔

ان قرآنی اصطلاحات سے جو نتیجہ اخذ کیا جاسکتا ہے۔ اس کا خلاصہ یہ ہے کہ فحشاء میں جس برائی کا ذِکر کیا گیا ہے۔ وہ صرف ایک فرد کی ذات تک محدود ہے۔ مثلاً زنا،

برہنگی، جھوٹی تہمت، شراب نوشی، چوری وغیرہ، انہیں حدیث شریف میں بھی فواحش کے نام سے تعبیر کیا گیا ہے۔

منکر میں پوری جماعت کی معاشرتی زندگی شامل ہوتی ہے۔ ایسی زندگی جو ناپسندیدہ افعال، غیر مانوس حرکات، ظلم و ستم، سنگدلی، برائیوں اور بے حیائیوں سے عبارت ہو۔ "بغی" میں ایسی برائیاں شامل ہیں جو جماعت سے بھی آگے بڑھ کر پورے ملک کو اپنی لپیٹ میں لے لیتی ہیں۔ مثلاً چوری، قتل، ڈاکہ، بدکاری وغیرہ اور اس نوع کے دوسرے افعال جن سے اجتماعی زندگی متاثر ہوتی ہے۔

سید ابو الاعلیٰ مودودی کے الفاظ میں الفحشاء، المنکر اور البغی کی تعریف:

فحشاء کا اطلاق تمام بیہودہ اور شرمناک افعال پر ہوتا ہے۔ ہر وہ برائی جو اپنی ذات میں نہایت قبیح ہو، فحش ہے۔ مثلاً بخل، زنا، برہنگی و عریانی، فعل قوم لوط، محرمات سے نکاح کرنا، چوری، شراب نوشی، بھیک مانگنا، گالیاں بکنا، اور بدکلامی کرنا وغیرہ۔ اسی طرح علی الاعلان برے کام کرنا اور برائیوں کو پھیلانا بھی فحش ہے۔ مثلاً جھوٹا پروپیگنڈا، تہمت تراشی، پوشیدہ جرائم کی تشہیر، بدکاریوں پر اُبھارنے والے افسانے اور ڈرامے، فلم، عریاں تصاویر، عورتوں کا بن سنور کر منظر عام پر آنا۔ علی الاعلان مردوں اور عورتوں کے درمیان اختلاط ہونا اور اسٹیج پر عورتوں کا ناچنا، تھرکنا اور جسم کی نمائش کرنا وغیرہ منکر سے مراد ہر وہ برائی ہے جس انسان بالعموم برا جانتے ہیں، ہمیشہ سے برا کہتے رہے ہیں اور تمام شرائع الٰہیہ نے جس سے منع کیا ہے۔

بغی کے معنی ہیں، حد سے تجاوز کرنا اور دوسرے کے حقوق پر دست درازی کرنا خواہ وہ خالق کے ہوں یا مخلوق کے۔

مندرجہ بالا بحث سے قول و فعل کے بگاڑ کی (الفحشاء، المنکر، البغی کے ضمن میں

آنے والی) تمام صورتیں سامنے آجاتی ہیں اور یہ بھی واضح ہو جاتا ہے کہ مذکورہ بالا خرابیاں ایسی ہیں جن کی بدولت افرادِ انسانی اور جماعتوں کو ہر وقت مادّی اور روحانی نقصان پہنچنے کا احتمال ہوتا ہے۔ جب یہ افعال کسی قوم میں جڑ پکڑ لیں اور ان پر گرفت کرنے والا کوئی نہ ہو تو پوری قوم اس کی لپیٹ میں آجاتی ہے اور سارا معاشرہ تباہی اور بربادی کا شکار ہو جاتا ہے۔ قوم کی دینی اور دنیوی ترقی کی راہیں مسدود ہو جاتی ہیں اور سعادت و اقبال کا دروازہ اس پر اس وقت تک کے لئے بند ہو جاتا ہے جب تک وہ اپنی اصلاح نہ کر لے۔

اصلاح:

جب ہم نے بگاڑ کا تعین کر لیا اور اس کے تفصیلی عناصر سے بھی واقفیت حاصل کر لی تو اب ہمارے لئے اصلاحی اقدام کا تعین بھی نہایت آسان ہے، مضمون کے آغاز میں یہ بات بیان کی گئی ہے کہ اصلاح نام ہے، دوستی یا ازالہ فساد کا۔ لہٰذا معاشرے میں جہاں جہاں بھی فساد ہو گا۔ اس کو درست کرنے کا نام اصلاح ہو گا۔

سب سے پہلے یہ بات یاد رکھنی چاہئے کہ اسلام جہاں جماعتی فلاح کا ضامن ہے۔ وہاں افراد کو بھی نظر انداز نہیں کرتا۔ بلکہ فرد کی اصلاح کو اصلاح کا نقطۂ آغاز قرار دیتا ہے۔ کیونکہ فرد معاشرے کی بنیادی اکائی ہے۔ لہٰذا فرد کی اصلاح دراصل معاشرے کی اصلاح ہے۔

ہمارے نزدیک اصلاح کے لئے درج ذیل اقدام نہایت مؤثر ثابت ہو سکتے ہیں۔

ا۔ سب سے پہلے افراد کے ذہنوں میں خدا کا صحیح تصور اور عقیدۂ آخرت کی اہمیت پر زور دیا جائے۔ نیز شرک سے اجتناب کی ہر ممکن کوشش کی جائے۔ تاکہ لوگ اپنی

انفرادی اور اجتماعی زندگی کے افعال میں خداوند کریم کے سامنے جواب دہی کے تصور کو مردہ نہ ہونے دیں اور صحیح نصب العین اور اعلیٰ و ارفع اقدارِ حیات کے حصول کی خاطر کوشاں رہیں۔

۲۔ معاشرے کے اندر کسی ایسے ادارہ کی تشکیل کی جائے جو اصلاح و فساد کا تعین کرے اور ان تدابیر کو قابلِ عمل بنائے جن سے بگاڑ کی روک تھام ہو سکے۔ دینی نقطۂ نظر سے اس کو ادارہ امر بالمعروف و نہی عن المنکر کہہ سکتے ہیں۔ کیونکہ امت مسلمہ کی خصوصیت میں یہی بات بیان فرمائی گئی ہے۔

﴿كُنتُم خَيرَ أُمَّةٍ أُخرِجَت لِلنّاسِ تَأمُرونَ بِالمَعروفِ وَتَنهَونَ عَنِ المُنكَرِ... ١١٠﴾... سورة آل عمران

"تم وہ بہترین امت ہو جو لوگوں کو بھلائی کا حکم دیتی اور برائی سے روکتی ہے۔"

امت کے ایک گروہ کیلئے امر بالمعروف و نہی عن المنکر کو فریضہ قرار دیا ہے۔

﴿وَلتَكُن مِنكُم أُمَّةٌ يَدعونَ إِلَى الخَيرِ وَيَأمُرونَ بِالمَعروفِ وَيَنهَونَ عَنِ المُنكَرِ ۚ وَأُولـٰئِكَ هُمُ المُفلِحونَ ١٠٤﴾... سورة آل عمران

"تم میں سے ایک گروہ ایسا ہونا چاہئے جو بھلائی کی طرف بلائے، اچھے کاموں کا حکم دے اور برائی سے روکے یہی لوگ فلاح پانے والے ہیں۔"

اس طرح اگر امت مسلمہ اپنے فریضہ کو پہچانے، اس کا صالح عنصر مجتمع ہو جائے اور اس کا اپنا ذاتی اور اجتماعی رویہ خالص راستبازی، انصاف، حق پسندی، خلوص اور دیانت پر مضبوطی سے قائم ہو جائے تو منظم نیکی کے سامنے منظم بدی اپنے لشکروں کی کثرت کے باوجود شکست کھا جائے گی اور اگر خیر کے علمبردار سرے سے میدان میں ہی نہ آئیں تو میدان لامحالہ علمبردارانِ شر کے ہاتھ میں رہے گا۔

۳۔ حکومت کو ان صالح لوگوں کے ہاتھ میں ہونا چاہئے جو خیر کو قائم کریں اور شر کو

روک سکیں۔ «النَّاسُ عَلٰی دِیْنِ مُلُوْکِھِمْ» ایک پرانا مقولہ ہے اور غالباً حدیث نبوی سے ہی اخذ کیا گیا ہے۔ حضور ﷺ کا ارشاد ہے:

«الْإِسْلَامُ وَالسُّلْطَانُ اخَوَانِ تَوْأَمَانِ لَا يَصْلُحُ وَاحِدٌ مِّنْهُمَا إِلَّا بِصَاحِبِهِ فَالإِسْلَامُ أُسٌّ وَالسُّلْطَانُ حَارِسٌ وَّمَا لَا أُسَّ لَهُ هَادِمٌ وَّمَا لَا حَارِسَ لَهُ ضَائِعٌ» (كنز العمال)

اسلام اور حکومت و ریاست، دو جڑواں بھائی ہیں۔ دونوں میں سے کوئی ایک دوسرے کے بغیر زندہ نہیں رہ سکتا۔ پس اسلام کی مثال ایک عمارت کی ہے اور حکومت گویا اس کی نگہبان ہے جس عمارت کی بنیاد نہ ہو، گر جاتی ہے اور جس کا نگہبان نہ ہو وہ لوٹ لیا جاتا ہے۔

ایک اور حدیث ہے:

«إِنَّ اللّٰهَ لَيَزَعُ بِالسُّلْطَانِ مَا لَا يَزَعُ بِالْقُرْآنِ» (تفسير ابن كثيرؒ ج ٣ ص ٥٩)

"اللہ تعالیٰ حکومت کی طاقت سے ان چیزوں کا سد باب کر دیتا ہے جن کا سد باب قرآن سے نہیں ہو سکتا۔"

حدیث میں قوم کے بناؤ اور بگاڑ کی ذمہ داری اس کے علماء اور امراء پر رکھی گئی ہے۔ کیونکہ زمامِ کار انہی لوگوں کے ہاتھ ہوتی ہے۔ اگر فرمانروا خدا پرست اور صالح ہوں تو زندگی کا سارا انظام خیر و صلاح پر چلے گا۔ اور حکومتِ وقت "ادارہ امر بالمعروف و نہی عن المنکر" کی سفارشات پر غور کرے گی۔

۴۔ معاشرے کا اجتماعی شعور بیدار کیا جائے کہ کوئی شخص بھی بگاڑ کی طرف مائل نہ ہو۔ اس کے شعور کی تعمیر و ترقی کے لئے "ادارہ امر بالمعروف و نہی عن المنکر" مندرجہ ذیل طریق اختیار کر سکتا ہے۔

(الف) تعلیم و تبلیغ کے زریعے وہ تمام صورتیں اختیار کی جا سکتی ہیں۔ جو دورِ حاضر

میں نشر و اشاعت کے کام میں لائی جاتی ہیں۔ مثلاً اخبارات، ریڈیو، ٹیلی ویژن مذاکرات وغیرہ کے ذریعہ سے دینی اقدار اور اسلامی طرزِ حیات کی تفہیم کو فروغ دینے کی کوشش کی جائے، حقیقت یہ ہے کہ دورِ حاضر میں یہ ذرائع عوامی رجحانات کو بدلنے اور نیا رخ دینے میں اہم کردار ادا کرتے ہیں۔ معاشرے کے اندر غلط رجحانات کی ترویج میں ان اداروں کا بڑا حصہ ہے۔

(ب) یہ ادارہ معیاری معاشرت کے لئے عمدہ نمونہ اور مثال پیش کرے جس کی نہج پر پورے معاشرے کو ڈھالا جاسکے۔ نبی کریم ﷺ نے جن اصولوں کو بیان کیا تھا، ان اصولوں پر مبنی ایک سوسائٹی مدینہ طیبہ میں تشکیل دی تھی اس معاشرہ کا ہر فرد ان اصولوں کی جیتی جاگتی تصویر تھا۔ لہٰذا اصلاح معاشرہ کے لئے یہ ضروری ہے کہ نمونے کے چند افراد پر مشتمل ایک ایسی وحدت قائم ہونی چاہئے جس کو سامنے رکھ کر پورے معاشرے کو استوار کیا جاسکے۔

۵۔ معاشرے میں مسجد کی دینی اور سماجی حیثیت کو اجاگر کیا جائے اور اصلاح معاشرہ کے لئے مسجد کو مرکزی حیثیت دی جائے کیونکہ نظمِ اجتماعی کے لئے ایک مرکز کا ہونا ضروری ہے۔ جب تک مسلم سوسائٹی مسجد سے اپنا تعلق مضبوط نہیں کرتی اور مسجدیں پورے معاشرے پر اثر انداز ہونے کی صلاحیتوں کی حامل نہیں بن جاتیں، اس وقت تک اصلاح کی کوئی گنجائش نہیں ہے۔

۶۔ تعلیمی ادارے معاشرے میں اہمیت کے حامل ہیں۔ معاشرے کے اجتماعی شعور اور انفرادی تشخص کے ارتقاء کا دارومدار تعلیمی اداروں پر ہے جہاں اساتذہ اہم کردار ادا کرسکتے ہیں اس لئے ایسے اساتذہ کا انتظام کیا جائے جو طالب علموں میں اسلامی اقدار کو راسخ کردیں۔ اس کے علاوہ تعلیمی اداروں میں نصابات کی بھی جانچ پڑتال کی جائے اور

ایسی تمام چیزیں جو روحِ دین کے منافی ہوں، ان کو پڑھاتے وقت تنقیدی طریقہ اختیار کیا جائے تاکہ طالب علم ان کی حقیقت سے واقف ہو جائیں، نیز ان داروں میں بنیادی دینی تعلیمات کا انتظام کیا جائے تاکہ طلباء اسلام کی اصلیت اور اس کی روح سے مکمل واقفیت حاصل کر سکیں۔

۷۔ دولت اور وسائلِ دولت پر تصرف اس طرح ہو کہ معاشرے میں معاشی نا انصافی، اسراف، بتذیر، بخل و ظلم اور ارتکازِ دولت نہ ہونے پائے۔ حکومت ان تمام ذرائع پر پابندی عائد کر دے جو عوامی بہبود کے لئے ضرر رساں ہیں۔ معاشی نظام میں سود، احتکار و اکتناز، رشوت اور لوٹ کھسوٹ کی تمام صورتیں قانوناً اور حکماً بند کر دی جائیں تاکہ معاشرہ طبقاتی معاشرت کا شکار نہ ہو۔

۸۔ معاشرے کی اصلاح کی خاطر حدود و تعزیرات کا نظام بھی قائم کیا جائے۔ جن کے ذریعے معاشرہ کو ان افراد سے محفوظ کیا جائے جو تعلیمی ترغیبات اور اخلاقی ذرائع سے اصلاح قبول نہ کریں اور معاشرے کے قانون کی خلاف ورزی کریں۔ حدود و تعزیرات کے نفاذ سے سماجی جرائم کا انسداد ہو گا اور معاشرہ غیر صالح عناصر کی فتنہ انگیزیوں سے محفوظ رہے گا۔

۹۔ سب سے آخر میں اور سب سے اہم بات یہ ہے کہ ملک کا پورا نظام اسلامی ہو جس میں افراد اور معاشرہ روحِ دین سے سرشار ہو اور غیر اسلامی نظریات سر نہ اُٹھا سکیں۔ نظام کی تشکیل اس طرح ہو کہ غیر اسلامی نظریات کی بجائے اسلامی تعلیمات کی گرفت مضبوط ہو۔

لیکن اس کے ساتھ اتنی ہی اہم بات یہ ہے کہ ہر فرد "اپنی اصلاح آپ" کے اصول کو اپنائے اور دوسروں کی اصلاح کرنے کے بجائے اپنی اصلاح کرے۔ اصلاح معاشرہ کا

آغاز انسان کی اپنی ذات سے ہوا ہے۔ اس سے وہ پیچیدگی دور ہو جائے گی جو دوسروں کی اصلاح کرنے کی صورت میں پیش آتی ہے۔ "اپنی اصلاح آپ" کے اصول کا ایک فائدہ یہ بھی ہو گا کہ افراد کے سامنے معیار کا تصور واضح ہو گا اور ہر شخص اس معیار کے مطابق اپنے آپ کو ڈھالتا چلا جائے گا۔

«وما توفيقى إلا بالله العلى العظيم »

***

۳

اصلاحِ معاشرہ میں مسجد کا کردار

محبوب عالم فاروقی

اسلام میں مسجد کو عبادت، تعلیم و تربیت، ثقافت اور تہذیب و تمدن کے اعتبار سے مرکزی مقام حاصل رہا ہے بلکہ مسلمانوں کی تمام سرگرمیوں کا مرکز و منبع مسجد ہی تھی۔ اسلام کی تعلیم کا آغاز مسجد سے ہوا۔ پیغمبر اسلام جناب محمد ﷺ نے ہجرت فرمائی تو مدینہ سے باہر مسجد کی بنیاد رکھی جو سب سے پہلی مسجد ہے اور پھر مدینہ منورہ میں دوسری 'مسجد نبوی' بنائی۔ اس میں دینی اور دنیاوی تعلیمات کی شروعات کیں۔ اسی مسجدِ نبوی سے علم و عرفان، تہذیب و تمدن، اتحاد و یگانگت، اجتماعیت، مساوات و اخوّت کے جذبات پروان چڑھے اور معاشرہ روز بروز منور ہوتا چلا گیا۔ پھر ایک غیر فانی اسلامی تہذیب وجود میں آئی کہ اس کے نقوش رہتی دنیا تک باقی رہیں گے۔ موجودہ دور میں مسلمان معاشروں میں معاشرتی، اخلاقی، سیاسی اور انتظامی بگاڑ عام ہو چکا ہے۔ اس کی ابتدا اُس وقت ہو گئی تھی جب مسلمان کا تعلق مسجد سے کمزور ہوا۔ آج اگر ہم آرزومند ہیں کہ معاشرہ کی اصلاح ہو اور وہ امن و آشتی کا گہوارہ بن جائے تو ہمیں مسجد کے اس بنیادی کردار کو فعّال کرنا ہوگا۔ ذیل میں اسی بات کا جائزہ لیا جائے گا کہ اصلاحِ معاشرہ میں مسجد کا کردار کیا ہے؟

مسجد کی تعریف

مسجد عربی کے لفظ سَجد سے بنا ہے جس کے معنی خشوع و خضوع اور عاجزی سے سر جھکانا اور عبادت کے اِرادہ سے سر کو زمین پر رکھنا ہے۔ مسجد کا لفظ ظرفِ مکاں ہے جس کا مطلب ہے: سجدہ کرنے کی جگہ۔ اصطلاح میں اس سے مراد وہ مقام یا جگہ ہے جہاں مسلمان بغیر کسی رکاوٹ کے اللہ کی عبادت اور بندگی کے لیے جا سکیں اور انفراداً یا اکٹھے ہو کر نماز ادا کر سکیں۔

مسجد؛ تاریخ کے آئینے میں

دنیا میں سب سے پہلی مسجد کعبہ شریف ہے جس کی بنیاد فرشتوں نے رکھی تھی۔ اس کے بعد حضرت آدم نے اس کی دیکھ بھال کی۔

حضرت عبداللہ بن عمرؓ فرماتے ہیں :

"جب اللہ تعالیٰ نے حضرت آدم کو زمین پر اُتارا تو فرمایا کہ میں تمہارے ساتھ ایک گھر بھی بھیج رہا ہوں جس کا طواف میرے عرش کی طرح ہوگا اور اسکے اردگرد اسی طرح نماز پڑھی جائے گی جس طرح میرے عرش کے پاس پڑھی جاتی ہے۔"

اور قرآنِ مجید نے اس بات کی شہادت یوں دی ہے:

﴿إِنَّ أَوَّلَ بَيْتٍ وُضِعَ لِلنَّاسِ لَلَّذِى بِبَكَّةَ مُبَارَكًا وَهُدًى لِلْعٰلَمِينَ ﴿٩٦﴾... سورة آل عمران

"بلاشبہ سب سے پہلا گھر جو لوگوں کی عبادت کے لیے بنایا گیا، وہ ہے جو مکہ میں ہے۔ یہ برکت والا اور جہانوں کے لیے ہدایت والا ہے۔"

مسجدِ حرام کے بعد دوسری بڑی 'مسجد اقصیٰ' ہے جسے حضرت داؤد اور حضرت سلیمان نے بنایا تھا جس کا ذکر قرآنِ مجید اور دیگر آسمانی کتابوں کے علاوہ تاریخ کی کتابوں میں بھی ہے۔ اسلام کی آمد کے بعد مدینہ منورہ میں اسلام کی اوّلین مساجد: قبا اور مسجدِ

نبوی ہیں۔ ان دونوں کی بنیاد امام کائنات جناب رسول اللہ ﷺ نے رکھی، پھر مساجد کی تعمیر کا سلسلہ جاری رہا۔ امام ابو داؤد نے 'کتاب المراسیل' میں لکھا ہے کہ حضور ﷺ کے زمانے میں مدینہ میں ۹ اور مختلف قبائل میں ۲۲ مساجد تھیں اور ان کے ناموں کی فہرست بھی ذکر کی ہے۔

مسلمان دنیا میں جہاں بھی گئے، مساجد بناتے گئے۔ مسلمان حکمرانوں نے بھی بڑی عظیم مساجد تعمیر کروائی ہیں۔ ہر دور میں مساجد مسلمانوں کی ثقافت اور فنونِ لطیفہ کا بے مثال نمونہ دکھائی دیتی ہیں۔ اب دنیا کے ہر گوشہ میں خوبصورت اور وسیع و عریض مساجد موجود ہیں۔ دنیا کی چند مشہور مساجد یہ ہیں:

ا۔ مسجد الحرام ۲۔ مسجد نبوی ﷺ ۳۔ جامع مسجد اُموی، دمشق ۴۔ جامع مسجد قیروان ۵۔ جامع مسجد استنبول، ترکی ۶۔ شاہی مسجد، لاہور ۷۔ فیصل مسجد، اسلام آباد... اس کے علاوہ امریکہ اور یورپ میں بھی بڑی عالی شان مساجد ہیں۔

مسجد کا ذکر: قرآنِ مجید میں

قرآن میں مسجد کا لفظ ۲۸ مرتبہ آیا ہے۔ قرآنی آیات میں سے چند درج ذیل ہیں:

﴿إِنَّما يَعمُرُ مَسٰجِدَ اللَّهِ مَن ءامَنَ بِاللَّهِ وَاليَومِ الءاخِرِ وَأَقامَ الصَّلوٰةَ وَءاتَى الزَّكوٰةَ وَلَم يَخشَ إِلَّا اللَّهَ ۖ فَعَسىٰ أُولٰئِكَ أَن يَكونوا مِنَ المُهتَدينَ ﴿١٨﴾... سورة التوبۃ

"اللہ کی مسجدوں کو آباد کرنے والے وہ لوگ ہوتے ہیں جو اللہ اور آخرت پر ایمان رکھتے، نماز قائم کرتے، زکوٰۃ دیتے ہیں اور اللہ کے سوا کسی سے نہیں ڈرتے ہیں۔ یہی سیدھی راہ پر چلنے والے ہوتے ہیں۔"

﴿يٰبَنى ءادَمَ خُذوا زينَتَكُم عِندَ كُلِّ مَسجِدٍ وَكُلوا وَاشرَبوا وَلا تُسرِفوا ۚ إِنَّهُ لا يُحِبُّ المُسرِفينَ ﴿٣١﴾... سورة الاعراف

"اے اولادِ آدم! ہر عبادت کے وقت مسجد کا رخ کرتے ہوئے اپنی زیب و زینت کو

اپناؤ اور کھاؤ پیؤ اور حد سے نہ بڑھو۔ بے شک اللہ حد سے بڑھنے والوں کو ناپسند کرتا ہے۔"

مسجد؛ احادیث کی رُو سے

احادیث کی کتابوں میں مسجد کے متعلق بہت زیادہ روایات ہیں جس سے مسجد کی اہمیت، فضیلت اور مقام و مرتبہ کا اندازہ ہوتا ہے۔ امام بخاریؒ نے اپنی کتاب صحیح بخاری میں پچاس ابواب میں احادیث اور مسائل کا ذکر تفصیل سے کیا ہے۔ چند روایات درج ذیل ہیں:

۱. حضرت ابوسعید خدریؓ نے روایت کی ہے کہ رسول اللہ ﷺ نے فرمایا:

«لا تشد الرحال إلا إلیٰ ثلاثۃ مساجد: مسجد الحرام ومسجد الاقصیٰ ومسجدي ہذا»

تین مسجدوں کے علاوہ کسی جگہ (ثواب کی نیت سے) سفر نہ کیا جائے: مسجد حرام (کعبہ شریف)، مسجدِ اقصیٰ اور میری مسجدِ نبوی"

۲. عن اَبِي ہُرَیْرَۃَ اَنَّ رَسُولَ اللہ ﷺ قَالَ: «اَحَبُّ الْبِلاَدِ إِلَی اللہ مَسَاجِدُہَا وَاَبْغَضُ الْبِلاَدِ إِلَی اللہ اَسْوَاقُہَا»

"حضرت ابوہریرہؓ فرماتے ہیں کہ رسول اللہ ﷺ نے فرمایا کہ اللہ تعالیٰ کو سب سے پسند مقامات مسجدیں اور سب سے زیادہ ناپسندیدہ جگہ بازار ہیں۔"

۳. عَنْ بُرَیْدَۃَ عَنِ النَّبِیِّ ﷺ قَالَ: «بَشِّرِ الْمَشَّائِینَ فِی الظُّلَمِ إِلَی الْمَسَاجِدِ بِالنُّورِ التَّامِّ یَوْمَ الْقِیَامَۃِ»

"حضرت بریدہؓ نے کہا کہ رسول اللہ ﷺ نے فرمایا: جو اللہ کے بندے اندھیرے میں مسجد جاتے ہیں، اُنہیں بشارت دے دو کہ قیامت کے دن ان کو اللہ کی طرف سے نورِ کامل عطا ہوگا۔"

مسجد کا کردار

اصلاحِ معاشرہ کے لیے مساجد کا نمایاں کردار درج ذیل پہلوؤں کا حامل ہے:

ا۔ روحانی تربیت میں کردار ۲۔ معاشرتی کردار ۳۔ مسجد اور تعمیر کردار

۴۔ ثقافتی کردار ۵۔ معاشی اور مالی کردار

ا۔ روحانی تربیت میں کردار

مسجد مسلمان کی روحانی تربیت میں مندرجہ ذیل صورتوں میں اپنا کردار ادا کرتی ہے:

ا۔ طہارت و صفائی: مسلمان جب نماز کی ادائیگی کے لیے مسجد کا رُخ کرتا ہے تو وہ اپنی طہارت کا اہتمام کرتا ہے۔ اگر غُسل واجب ہے تو غُسل کرتا ہے، ورنہ وضو کرتا ہے اور پھر کپڑوں کی صفائی کا جائزہ لیتا ہے کہ کہیں کوئی گندگی تو نہیں لگی ہوئی۔ ظاہری صفائی کے ساتھ وہ باطنی گندگی یعنی شرک، کینہ، حسد، بغض وغیرہ سے بھی اپنے آپ کو بچاتا ہے۔

ب۔ توحید: نماز کی ادائیگی صرف اللہ تعالیٰ کے لیے ہوتی ہے، کیونکہ اللہ تعالیٰ نے فرمایا: ﴿وَاَقِمِ الصَّلٰوۃَ لِذِکرِی ﴿۱۴﴾﴾... سورۃ طہ "نماز میری یاد کے لیے قائم کرو۔" مسلمان جب نماز کے ترجمہ پر غور کرتا ہے تو عقیدہ توحید مزید پختہ ہو جاتا ہے۔

ج۔ تعلق باللہ میں مضبوطی: مؤمن جب پانچ دفعہ مسجد میں جاکر اللہ کے حضور سجدہ ریز ہوتا ہے تو اس عمل سے مسلمان کا اللہ سے تعلق مضبوط تر ہو جاتا ہے۔

د۔ فرائض کے ادا کرنے کا جذبہ: نماز جیسے اہم اور بنیادی فرض کی ادائیگی سے دوسرے تمام فرائض کو ادا کرنے کا جذبہ خود بخود پیدا ہو جاتا ہے۔

ر۔ روحانی قوت میں اضافہ: باجماعت نماز ادا کرنے سے روح کی تطہیر ہو جاتی ہے، کامل توجہ اللہ کی طرف ہونے سے دل شیطانی وسوسوں اور خیالات سے پاک ہو جاتا ہے اور وہ اس عربی مقولہ کا مصداق بن جاتا ہے:

المؤمن في المسجد كالسمك في الماء والمنافق في المسجد كالطير في القفس

"مؤمن مسجد میں ایسے ہوتا ہے جیسے مچھلی پانی میں اور منافق مسجد میں ایسے ہوتا ہے جیسے پرندہ پنجرے میں۔"

پھر آپ ﷺ نے نماز کی اس خوبی کو واضح کرتے ہوئے فرمایا: "بلالؓ ہمیں نماز کے ذریعے راحت پہنچاؤ۔" مساجد کا یہ کردار دنیا کی تمام عبادت گاہوں سے اعلیٰ اور پاکیزہ ہے۔ اس لیے کہ وہ اللہ تعالیٰ کے سوا تمام دوسرے تصورات، شخصیات اور محسوسات سے پاک وصاف ہوتا ہے۔

۲۔ معاشرتی کردار

مسجد مسلم معاشرے کا مرکز و مرجع ہے، اس لیے بہت سے معاشرتی اُمور اس سے وابستہ ہیں، جن میں سے چند یہ ہیں:

ا۔ ملّتِ واحدہ: مسلمان جب نماز کے لیے مسجد میں جاتا ہے تو اسے تمام مسلمان اسلام کے رشتہ اخوت سے جُڑے دکھائی دیتے ہیں، کیونکہ مسجد میں ذات پات، رنگ و نسل، علاقے اور ملک، امیر اور غریب میں کوئی امتیاز نہیں ہوتا بلکہ بقول شاعر

ایک ہی صف میں کھڑے ہو گئے محمود و ایاز
نہ کوئی بندہ رہا نہ کوئی بندہ نواز

ب۔ حقوق و فرائض: جب مسلمان مسجد میں اکٹھے ہوتے ہیں تو آپس میں تمام حقوق و فرائض اَدا ہو جاتے ہیں جیسے ایک دوسرے کو سلام و جواب کرنا، بیمار کی عیادت کرنا، باہم ایک دوسرے کا احترام اور حاجت مندوں کی مدد کرنا شامل ہے اس کے علاوہ دیگر حقوق العباد کا احساس بھی پیدا ہو جاتا ہے۔

ج۔ اجتماعی مسائل کا اِدراک: معاشرے میں مسجد کے ذریعے سے معاشرتی مسائل

کا ادراک حاصل ہوتا ہے، مسجد میں وہ ایک دوسرے سے بلا رکاوٹ ملتے ہیں اور درپیش مسائل پر گفتگو کرتے ہیں۔ کوئی لوڈ شیڈنگ اور مہنگائی کا ذکر کرتا ہے تو کوئی بدامنی، دہشت گردی کے ظلم و ناانصافی کی بات کرتا ہے اور ایسے ہی انفرادی مسائل کا اندازہ بھی انکے ذریعے سے ہوتا ہے۔

۳۔ مسجد اور تعمیر کردار

مسجد میں ہر طرح کے لوگ بوڑھے جوان بچے آتے ہیں اور ایک دوسرے سے میل ملاقات ہوتی ہے تو ایک دوسرے کی اخلاقی حالت سامنے آتی رہتی ہے۔ مسجد میں پابندی کے ساتھ پانچ وقت حاضری دینے سے مؤمن کے اخلاق اور کردار کی تعمیر ہوتی ہے۔ تعمیر کردار میں مندرجہ ذیل باتیں نمایاں ہیں:

ا۔ پابندیٔ وقت اور وعدہ: نماز کو باقاعدگی سے وقت پر ادا کرنے سے انسان وقت کا پابند بن جاتا ہے اور وہ اپنے وعدہ کو پورا کرنے اور نبھانے کا شعور پاتا ہے۔ اگر انسان معاشرے میں ان باتوں کا عادی ہو جائے تو اس کے اثرات بہت اچھے ہوتے ہیں۔

ب۔ بے حیائی سے بچنا: نماز انسان کو بے حیائی اور بُرے کاموں سے روکتی ہے جیسا کہ ارشادِ باری تعالیٰ ہے: ﴿اِنَّ الصَّلٰوةَ تَنْهٰى عَنِ الْفَحْشَآءِ وَ الْمُنْكَرِؕ ﴾ مسجد میں انسان، جھوٹ، غیبت، دھوکا، ٹھگی، چغلی، رشوت، چوری اور بے حیائی وغیرہ سے جزوی طور پر رُک جاتا ہے اور آخر کار مکمّل طور پر ان معاشرتی برائیوں اور لعنتوں سے اپنے آپ کو بچانے کا عادی ہو جاتا ہے۔

ج۔ منشیات وغیرہ سے بچاؤ: آدابِ مسجد کو ملحوظ رکھ کر مسجد میں جانے والا اس تباہ کن عادت سے بچا رہتا ہے، کیونکہ نشہ اور حواس باختگی کے عالم میں اسلام نے نماز کی ادائیگی سے منع کیا ہے اس لیے نمازی منشیات اور نشہ آور اشیا سے بچتا ہے۔

۴۔ ثقافتی کردار

مَساجد کا ایک کردار ثقافتی ہے۔ اسلامی ثقافت مسلمان کی زندگی کی عکاس ہوتی ہے اس سے مراد وہ اعمال و افعال ہیں جو اسلام کی آمد کے بعد وجود میں آئے اور ان کا تعلق مسجد سے ہے:

ا۔ خیرات: مسجد میں نمازِ جمعہ، رمضان المبارک اور عیدین کے موقع پر، زکوٰۃ و صدقات اور خیرات دینے کا جذبہ مزید بڑھ جاتا ہے جس سے بہت سے لوگ مستفید ہوتے ہیں۔

ب۔ اسلامی وضع قطع: مسلمان جب بھی مسجد کا رُخ کرتا ہے تو وہ اپنے لباس، وضع قطع اور دیگر اُمور کا اہتمام ضرور کرتا ہے، اس طرح مسلمانوں کی ایک ثقافت باقی رہتی ہے جو صرف مسجد کی بدولت ہے۔

ج۔ ملاقات کے آداب: مسلمان جب مسجد میں جمع ہوتے ہیں تو ایک دوسرے سے مصافحہ اور معانقہ ضرور کرتے ہیں، خاص طور پر عیدین اور جمعہ کے موقع پر تو ناراض لوگ بھی آپس میں شیر وشکر ہو جاتے اور ایک دوسرے کو عیدین کی مبارک باد دیتے ہیں جو معاشرے میں نفرتوں کے خاتمہ کا ذریعہ ہے۔

د۔ مسجد اور تعلیم: مسجد ایک ایسا ادارہ ہے جو تعلیم و تربیت میں بنیادی اور اہم کردار کا حامل ہے۔ ابن خلدون نے لکھا ہے کہ پہلی تین صدیوں میں مسجد ہی وہ درسگاہ تھی کہ تمام علوم و فنون اس میں پڑھائے جاتے تھے اور سب سے پہلے درس گاہ 'اصحابِ صفہ' کے نام سے مسجد نبوی ﷺ میں قائم ہوئی تھی۔ مسجد میں درسِ قرآن و حدیث کے ساتھ فقہ کے مسائل بیان کرنے کا اہتمام بھی ہوتا ہے۔ علم و عرفان کا بہت سا حصّہ مسلمان مسجد سے ہی سیکھتے ہیں اور ایک زمانے میں پاکستان میں مسجدِ سکول کا قیام بھی ہوا تھا جو بعض

علاقوں میں آج تک چل رہا ہے۔

۵۔ معاشی اور مالی کردار

مسجد ہی معاشرے کے تمام اسلامی اور فی سبیل اللہ مالی معاملات کا مرکز ہوتی ہے۔ تمام فنڈز اور چندے مسجد میں جمع اور تقسیم ہوتے تھے مثلاً جہاد فنڈ، زکوٰۃ، صدقات و خیرات وغیرہ وغیرہ۔ یہ نظام مسجد سے وابستہ رہا ہے اور آج بھی اسے جاندار بنایا جاسکتا ہے۔

مسجد کے کردار کو ختم کرنے کی کوششیں

مسجد دعوت و تبلیغ کا مرکز اور اسلامی معاشرے کا محور رہی ہے۔ مسجد ہی مسلمانوں کی ظاہری، باطنی اور مادی آبیاری اصلاح کرتی رہی۔ نبی اکرم ﷺ کے زمانے سے لے کر خلفا اور بعد کے دور میں بھی ایسا ہی کردار ادا کرتی رہی۔ دشمنوں نے اس کی اہمیت، مرکزیت اور ہمہ گیریت کو سمجھ کر اس کے خلاف گہری اور پوشیدہ سازشیں شروع کردی تاکہ اس کے کردار کو ختم یا کم از کم کمزور ضرور کردیا جائے۔

مسجد کے کردار کو مسخ کرنے والے عزائم دبیز اور رنگین پردوں میں چھپے ہوئے ہیں جن کا ادراک ضروری ہے مسجد کے کردار کو ختم یا کم کرنے والے اسباب دو طرح کے ہیں:

ا۔ اندرونی ۲۔ بیرونی

ا۔ اندرونی اسباب

اس سے مراد وہ اندرونی عوامل ہیں جو مسلمانوں کے اندر پائے جاتے ہیں جنہوں نے مسجد کے مقام، مقصد اور اہم پیغام کا گلا دبا دیا ہے۔ چند درج ذیل ہیں:

ا۔ فرقہ پرستی اور مسلک پرستی: فرقہ واریت سے اُمّت مسلمہ کا شیرازہ بکھر چکا ہے

اور اتحاد پارہ پارہ ہے۔ مذہبی گروہ بندی اور مسلک پرستی نے تباہی مچادی ہے، جب سے مسلمان تقسیم ہوئے ہیں تو ہر ایک فرقہ کی الگ مسجد ہے جہاں مخصوص سوچ و فکر اور مسلک کا پرچار کیا جاتا ہے۔ دوسروں کے خلاف منبر و محراب سے زہر اگلا جاتا اور اُنہیں کافر دائرہ اسلام سے خارج اور واجب القتل قرار دیا جاتا ہے اور اس تعصّب کے نتیجہ میں مسلم معاشرہ بے چینی اور بربادی کا شکار ہو چکا ہے۔

۲۔ خطیبوں اور اماموں کا منفی رول: مسجدوں میں مقرر کئے جانے والے امام و خطیب زیادہ تر کم تعلیم یافتہ اور خاص مسلک کے پیروکار ہوتے ہیں جو مثبت رول کی بجائے منفی ادا کرتے ہیں، وہ اصلاح کے بجائے بگاڑ اور انتشار پیدا کرتے ہیں، اس لیے معاشرہ علم و عرفان اور دین سے بیزار ہوتا جارہا ہے۔ خطبا کی تقریریں غیر معیاری اور نامناسب ہوتی ہیں، اکثر من گھڑت موضوع واقعات و روایات بیان کرتے ہیں۔ اختلافی مسائل کو ہوا دے کر نفرت کا بیج بوتے ہیں۔ اس صورتحال میں خصوصی اصلاح اور توجہ کی ضرورت ہے۔

۳۔ مساجد کمائی کا ذریعہ: مساجد کو دنیا کمانے کا ذریعہ بنا لیا گیا ہے جس سے اس کا مرتبہ کم ہو گیا اور تاریخی مساجد کو آثارِ قدیمہ قرار دے کر سیر گاہ کا درجہ دے دیا گیا اور اس پر ٹکٹ مقرر کر کے کمائی کی جاتی ہے جو غیر موزوں ہے۔

۴۔ عربی زبان سے دوری: تعلیمی پالیسی سازوں نے عربی زبان سے ناطہ توڑ کر بھی مسجد کے کردار کو کمزور کرنے کی کوشش کی ہے۔ اسلام کا زیادہ تر لٹریچر عربی زبان میں ہے۔ جس کو سمجھنے کیلئے عربی زبان کا فہم ضروری ہے اور مسجد کا اس میں اہم رول ہے کہ عربی زبان کی ترویج ہو۔

۵۔ مسجد اور مقبرہ: مسجد مقبرہ جات کو یکجا کر کے اس کے روشن کردار کو بے نور

کر دیا گیا ہے جس سے دعوتی و اصلاحی عمل رک گیا۔ اللہ پرستی کی جگہ قبر پرستی و دیگر خرافات نے لے لی۔

۶۔مادہ پرستی اور دنیاداری: مسلمانوں میں دولت اور دنیاداری کی ہوس عام ہو چکی ہے۔ معاشرہ کا ہر فرد دولت جمع کرنے میں عظمت اور اپنی توقیر خیال کر رہا ہے اور وہ ارب پتی بن کر بھی اپنے آپ کو کنگال تصور کرتا ہے اور ہر جائز و ناجائز ذرائع سے دولت اکٹھی کرنے کی فکر میں ہے۔ روحانیت اور آخرت کا خیال اس کے دل سے نکل چکا ہے۔ مسجد کے کردار کو نقصان دینے والے اندرونی اسباب میں یہ بھی ایک سبب ہے۔

۲۔بیرونی اسباب

مسجد کے مرکزی کردار کے خلاف بیرونی اسباب بہت زیادہ ہیں جن کا احاطہ ناممکن ہے مگر جزوی طور پر ان کے ذکر سے مخالفین کی سوچ اور فکر کا اندازہ ضرور کیا جاسکتا ہے۔ مسجد کے خلاف سازشیں اور پروگرام بنانے والے چند مخالفین یہ ہیں:

ا۔عیسائی: تاریخ اسلام میں مسجد کی عظمت اور مرکزیت کے خلاف سب سے پہلا پروگرام مسجدِ ضرار کی صورت میں سامنے آیا جو قبیلہ خزرج کے ابوعامر نامی شخص جو عیسائی بن گیا تھا، کے مشورہ سے منافقین مدینہ نے بنائی تھی اور ان کے مذموم اور ناپاک مقاصد کا ذکر اللہ تعالیٰ نے یوں فرمایا:

﴿لَا تَقُمْ فِيهِ أَبَدًا ۚ لَمَسْجِدٌ أُسِّسَ عَلَى التَّقْوَىٰ مِنْ أَوَّلِ يَوْمٍ أَحَقُّ أَنْ تَقُومَ فِيهِ ۚ فِيهِ رِجَالٌ يُحِبُّونَ أَنْ يَتَطَهَّرُوا ۚ وَاللَّهُ يُحِبُّ الْمُطَّهِّرِينَ ١٠٨﴾... سورة التوبة

اس آیت کریمہ میں یہ بتایا گیا کہ کچھ لوگوں نے ایک مسجد بنائی اس مقصد کے لیے کہ دعوتِ حق کو نقصان پہنچایا جائے اور اللہ کی بندگی کی بجائے کفر کریں اور مؤمنوں میں پھوٹ اور خلفشار پھیلائیں اور اس عبادت گاہ کو اس شخص کے لیے کمین گاہ بنائیں جو اس

سے پہلے اللہ اور اُس کے رسول ﷺ کے خلاف اُٹھ چکا ہے۔ وہ ضرور قسم کھا کر کہیں گے کہ ہمارا ارادہ صرف بھلائی کا ہے مگر اللہ گواہ ہے کہ وہ بالکل جھوٹے ہیں، تم ہر گز اس عمارت میں کھڑے نہ ہونا۔

مسجد ضرار کے تین اہم مقاصد

١. کفر و شرک اور گمراہی پھیلانے کے لیے ایک اڈا بنانا۔

٢. مسلمانوں کے درمیان فرقہ واریت کو ہوا دینا اور انتشار پھیلانا۔

٣. شرپسند اور سازشی ٹولے کو مذہبی لبادے میں پناہ دینا۔

تاریخ بتاتی ہے کہ ہلاکو خان کو مسلمانوں کے خلاف اکسانے میں اہم کردار عیسائیوں اور نصرانیوں کا ہے اور اسے تین چیزوں سے سخت نفرت تھی:

١. کتابوں سے ... اس لیے وہ ساری کتب دریاؤں میں پھینکتا رہا۔

٢. مساجد سے ... جنہیں وہ گراتا گیا۔

٣. پکی عمارتوں سے ... وہ اُنہیں بھی برباد کرتا رہا۔

آخری صلیبی جنگ (١٦٠٩ء) میں مسلمانوں پر پابندیاں لگانے پر ختم ہوئی۔ ان میں سے مساجد کو بند کرنا، انہیں گرجاگھروں میں تبدیل کرنا، اسپینی لباس پہننا، غسل کی ممانعت وغیرہ شامل تھا۔ الجزائر میں بھی بہت سی مساجد کو عیسائیوں نے اپنی عبادت گاہوں میں تبدیل کر دیا اور ہزاروں مسلمانوں کو تہ تیغ کیا۔ ان کا یہ کردار اس وقت ظاہر ہوا جب انہوں نے ١٦٣٢ء میں الجزائر پر قبضہ کیا۔

ب۔ یہود : یہودیوں کی اسلام دشمنی کسی سے چھپی ہوئی نہیں ہے اور مذکورہ بالا مسجد ضرار یہودیوں اور عیسائیوں کی مشترکہ کاوش تھی۔ یہودیوں نے تحویل قبلہ کے موقع پر پروپیگنڈہ کیا اور مسلمانوں کے دلوں میں شکوک پیدا کرنے کی کوشش کی۔

یہودیوں نے ہمیشہ مسجدوں کی بے حرمتی کی اور مسلسل مساجد کے خلاف ان کی ناپاک سازشیں جاری رہی کیونکہ یہ مسلم معاشرے کا محور تھی۔ آج کے دور میں مسجدِ اقصیٰ کے ساتھ یہودی جو کچھ کر رہے ہیں، اس سے ان کی مساجد دشمنی بالکل ظاہر وباہر ہو جاتی ہے۔

ج۔ کمیونسٹ اور مسجد: کمیونسٹ اور سوشلسٹ انقلاب کی تباہ کاریوں کا شکار مسلمانوں کی مساجد، مدارس اور اسلامی تہذیب و تمدن ہوئی۔ روس میں ۱۹۱۲ء میں ۲۶۲۷۵ مساجد تھی جو ۱۹۴۲ء میں صرف ۱۳۱۲ باقی رہی اور ۱۹۶۴ء تک یہ تعداد ۲۵۰ رہ گئی۔ ایک سروے کے مطابق مسجدوں کی ویرانی، بربادی اور انہدام کچھ یوں تھا:

۱. وسطی ایشیا اور ترکستان میں چودہ ہزار مساجد ختم کی گئیں۔

۲. آذربائیجان میں چار ہزار اور جنوبی ایشیامیں سات ہزار مساجد کو گرایا گیا۔

چین کے ثقافتی انقلاب میں بھی مذہبی سرگرمیاں ممنوع قرار پائی اور مسجد اور دیگر مذاہب کی عبادت گاہوں کو بند کیا گیا یا اُن کو تباہ کر دیا گیا۔ مذہبی کتابوں کو گھروں میں رکھنا بھی جرم قرار پایا۔

د۔ ہندو، سکھ اور مساجد: انتہا پسند اور متعصّب ہندو اور سکھ کسی سے پیچھے نہیں رہے۔ انہوں نے بھی شعائرِ اسلامیہ کے خلاف سنگین معاندانہ رویہ اپنائے رکھا ہے۔ قیام پاکستان کے وقت ہزاروں مساجد کو گرایا، جلایا گیا یا جانوروں کے باڑے میں تبدیل کر دیا گیا اور بابری مسجد کی شہادت ہندوؤں کے خبثِ باطن کو واضح کر دیتی ہے۔ سکھوں نے بھی مساجد کی بے حرمتی کی اور ہمیشہ مسجد دشمنی میں پیش پیش رہے۔

ر۔ بہائی اور قادیانی: بہائی اور قادیانی مذہب کے پیروکاروں نے یہود و نصاریٰ کا آلہ کار بن کر مسلمانوں کے عقائد اور ایمان کو متزلزل کیا۔ انتشار پیدا کیا اور مساجد کا استعمال

کر کے سادہ مسلمانوں کو گمراہ کرنے میں کوئی کسر باقی نہیں چھوڑی اور مسجد کے کردار کو مثبت کی بجائے منفی رنگ دے دیا ہے۔

یہ چند اندرونی و بیرونی اسباب ہیں جو مساجد کے کردار کو بے جان بنا رہے ہیں۔

موجودہ دور میں مسجد کے اصلاحی کردار کی بحالی کے لیے اقدامات اور تجاویز

دورِ حاضر میں ہماری اجتماعی زندگی کا شیرازہ بکھر چکا ہے جو اُمت مسلمہ کے لئے نقصان دہ ثابت ہو رہا ہے۔ یہ اُمت واحدہ اب مختلف فرقوں، گروہوں، گروپوں میں تقسیم ہو چکی ہے۔ مسلم معاشرہ بگاڑ، انتشار، خلفشار، گمراہ کن افکار، رذیلہ اخلاق و کردار کا بھیانک نمونہ پیش کر رہا ہے۔ اخلاقی جرائم بے حیائی، فحاشی کا طوفانِ بدتمیزی ہے کہ تھمنے کا نام نہیں لیتا۔ معاشرے میں بے چینی، بدامنی، بے سکونی، وحشت و دہشت گردی عام ہے۔ قتل و غارت، ڈاکہ زنی، رہزنی، بددیانتی، بدعہدی، رشوت، دھوکہ دہی، ملاوٹ، جھوٹ، فریب کا چلن ہے۔ ان مفاسد کو ختم کرنے کے لئے ایسے عملی اقدامات کرنے کی ضرورت ہے جو قرونِ اولیٰ میں کئے گئے تھے کہ جس کی بدولت وہ معاشرہ امن و سکون، محبت و آشتی اور خوشحالی کا ایسا بے مثال نمونہ بن گیا تھا کہ یمن کے دارالخلافہ صنعا سے ایک اکیلی عورت حج کے لیے تمام زیب و زینت اور زیورات پہن کر چلی تو مکّہ تک اس کی طرف کوئی نظر اُٹھا کر دیکھنے کی جرات نہیں کر سکا۔ وہ معاشرہ اس قدر مصلح، تربیت یافتہ اور خوشحال بن گیا تھا کہ لوگ زکوٰۃ دینے کے لیے نکلتے تھے کہ کوئی وصول کرنے والا مستحق نہیں ملتا تھا۔

کرنے کے کام

یقیناً اس دور کا آغاز مسجد کے ساتھ مضبوط تعلق سے ہوا تھا۔ آج اگر ہم اپنے بگڑے اور تباہ حال معاشرے کی اصلاح کرنا چاہتے ہیں تو ہمیں پھر سے معاشرے میں

مسجد کی اجتماعیت، مرکزیت کا وہ مقام واپس لانا ہوگا اور یہ اقدامات کرنا ہوں گے:

ا. مسجد کے ساتھ ربط

۲. مسجد اور باہمی اُخوت و مساوات

۳. مسجد تعلیمی و تربیتی ادارہ

۴. مسجد اصلاحی، رفاہی، اور اجتماعی فلاح و بہبود کا مرکز

۵. دارالمطالعہ

٦. امریکہ، برطانیہ اور یورپ کی مساجد

ا۔ مسجد کے ساتھ ربط

ہر مسلمان کو مسجد کے ساتھ اپنے تعلق کو اس قدر مضبوط بنانا چاہیے کہ وہ نماز باجماعت ادا کرے اور انفرادی عبادت کا اہتمام بھی مسجد میں کرے۔ حدیث میں آیا ہے:

"اللہ کی مسجدوں کو آباد کرنے والا اہل اللہ ہیں۔"

حافظ ابن قیمؒ نے کہا ہے کہ بلاشبہ مسجد میں جمع ہو کر نماز ادا کرنا دین کا بڑا اشعار ہے اور اس کی علامتوں میں سے ہے۔"

مسجد کے ساتھ تعلق جوڑنے سے معاشرتی برائیوں سے خود بخود جان چھوٹ جاتی ہے کیونکہ نماز تمام بے حیائی اور نافرمانیوں سے روکتی ہے۔ دوسروں کو بھی ترغیب دینے کی ضرورت ہے۔

۲۔ مسجد اور باہمی اخوت و مساوات

مسجد میں آنے سے باہمی تعلقات پختہ ہوتے ہیں اور اس کے ذریعے بہت ساری نفرتوں، کدورتوں کا خاتمہ ہوتا ہے اور مسلمانوں کے دلوں میں اخوت و مساوات، اُلفت و

شفقت کے جذبات پیدا ہو جاتے ہیں۔ آج معاشرے میں جدید و قدیم جہالت کے جو فتنے ہیں ان کا علاج مسجد سے ممکن ہے کیونکہ:

تیرے دربار میں پہنچے تو سبھی ایک ہوئے
بندہ و آقا، محتاج و غنی سبھی ایک ہوئے

۳۔ تعلیمی و تربیتی مرکز

مسجد مسلمانوں کے لیے تعلیم کا بہترین ادارہ ہے اسے تعلیم و تربیت کا مرکز بنا کر اُمّت کی اصلاح کی جاسکتی ہے۔ یہ وہ جگہ ہے جہاں دن میں پانچ دفعہ، ہفتہ میں ایک دفعہ ہر مسلمان حاضری خوشی سے دیتا ہے۔ ہمارے علما و خطبا عزم کر لیں کہ ہمیں معاشرے کے افراد کی اصلاح کا کام تعلیم سے کرنا ہے تو کوئی مشکل نہیں ہے۔ اس فریضہ کو یوں ادا کیا جاسکتا ہے:

ا۔ خطبہ جمعہ: جمعہ کے خطبہ میں جاندار اور مؤثر تقریر ہونی چاہیے۔ دین کے بنیادی عقائد، عبادت و معاملات اور اخلاقیات پر ترتیب سے خطبات دیئے جائیں۔ گفتگو عام فہم، جامع اور دلچسپ انداز میں کی جائے۔

ب۔ درسِ قرآن و حدیث: فرض نماز کی باجماعت ادائیگی کے بعد قرآن و حدیث کے درس کا سلسلہ شروع کرنا چاہیے۔

ج۔ قرآن کی تعلیم: مسجد میں قرآن مجید، ناظرہ، حفظ اور ترجمہ کی کلاس کا اجرا کیا جائے اور اس کے لیے تربیت یافتہ مدرّسین مقرر کئے جائیں تاکہ وہ اپنے شاگردوں کی بہتر تعلیم و تربیت کر سکیں۔

د۔ تعلیم بالغاں: بوڑھے اور عمر رسیدہ یا نوجوان جو اَن پڑھ ہیں، ان کی تعلیم کا سلسلہ شروع کر کے اُنہیں اسلام کی تعلیم دی جائے۔

ر۔ خطاب یا درس وغیرہ: گاہے بگاہے خصوصی موضوعات پر لیکچر کا اہتمام کیا جانا چاہیے۔ مختلف اصلاحی موضوعات کا انتخاب ضروری ہے۔

س۔ مقابلے وغیرہ: علمی، تاریخی اور دیگر موضوعات پر تقریری، تحریری یا کوئز مقابلے نوجوانوں اور بچوں کے مابین منعقد کرنے چاہیے اور اُنہیں انعامات دینے چاہیے تاکہ ان کا رجحان مسجد کی طرف ہو۔

ش۔ کوچنگ کلاسز: سکول و کالج کے نادار طلبا کے لیے فری کوچنگ کلاسز کا انتظام کرنا چاہیے ساتھ ہی کوئی اصلاحی پروگرام ترتیب دینا چاہیے۔ تاکہ تعلیم کے ساتھ ان کی فکری اور اخلاقی اصلاح ہو سکے اور دعوتی اصلاحی گروپ تشکیل دے کر دوسروں کو مسجد آنے کی دعوت دینے کی ضرورت ہے اور مختلف موضوعات پر لٹریچر بھی مسجد انتظامیہ کو مہیا کرنا چاہیے۔

۴۔ مسجد اصلاحی، رفاہی اور اجتماعی فلاح و بہبود کا مرکز

مسجد نہ صرف عبادت کی جگہ ہے بلکہ اصلاحی، رفاہی اور فلاح و بہبود کا مرکز بھی ہے۔ اس لیے اس کی اس حیثیت کو مزید مضبوط اور بہتر کیا جائے اور اس کے رول کو پھر سے بحال کیا جائے۔ روزمرہ کے معاملات کے لیے درج ذیل انتظامات کیے جائیں:

ا۔ ایمبولینس سروس ب۔ فری ڈسپنسری

ج۔ لوکل عدالت اور پنچائت کمیٹی د۔ مہمان خانہ کا قیام

۵۔ دارالمطالعہ

مسجد میں مناسب لائبریری ہونی چاہیے اور کتب بینی کے لیے بھی پر سکون ماحول مہیا کیا جانا چاہیے۔ مطالعہ کے لیے جدید رسائل و اخبارات اور نئی چھپنے والی کتابیں بھی مہیا ہونی چاہیے، اس لائبریری میں کمپیوٹر اور انٹرنیٹ کی سہولت بھی ہو تاکہ اسلام پر ہونے

والی ریسرچ کا مطالعہ و مشاہدہ ہو سکے۔

۶۔ امریکہ، برطانیہ اور یورپ کی مساجد

امریکہ و برطانیہ اور یورپ میں مساجد جدید سنٹر کی شکل میں بنائی گئی ہیں اور وہاں معاشرتی زندگی کی تمام ضروریات اور تقاضے پورے کرنے کا اہتمام ہوتا ہے۔ روحانی، مادی، مالی اور دیگر پروگرام بھی مساجد کے ساتھ ملحق ہوتے ہیں، اس لیے وہ مسلمان ممالک کی بنسبت زیادہ فعال اور جاندار کردار ادا کر رہی ہیں۔ وہاں غیر مسلموں او ر مسلمانوں کے شبہات اور سوالات کا شافی جواب دینے کے لئے انتظام ہوتا ہے، وہاں مساجد میں ابتدائی تعلیم کی سہولت بھی ہے بچوں اور بڑوں کیلئے تفریح کے مواقع بھی ہیں، وہاں اضافی طور پر درج ذیل مراعات کا انتظام ہوتا ہے:

ا۔ شام کا اصلاحی سکول: شام کا سکول اہم ادارہ ہے جو نئی نسل کے تقاضے پورے کرتا ہے۔ یورپ کے معاشرے اور نظام زندگی اپنانے والے اپنی شناخت کھو بیٹھتے ہیں۔ یہ ادارے مسلمان بچوں اور بڑوں کو ان کی شناخت، ثقافت، مذہب، روایات زندہ رکھنے کی تعلیم دیتے ہیں۔ قرآن کی تعلیم کے ساتھ عربی اور اُردو کی تعلیم بھی دی جاتی ہے۔

ب۔ بوڑھوں کے لئے مرکز: یورپ میں خاندانی نظام نہیں ہے۔ بڑھاپے میں لوگ بے سہارا اور بے آسرا ہوتے ہیں۔ ان عمر رسیدہ لوگوں کے لیے مساجد ایک عظیم پناہ گاہ کا درجہ رکھتی ہیں یہ ادارے ان کی دیکھ بھال کا فرض بھی ادا کر رہے ہیں۔

ج۔ مکتبہ اور دارالمطالعہ: ان مساجد میں اسلام اور مسلمانوں کے متعلق ہر طرح کا لٹریچر مہیا کیا جاتا ہے۔ پڑھنے والوں کے لیے مختلف زبانوں میں کتابیں، رسائل اور اخبارات ہوتے ہیں۔

د۔ دیگر سرگرمیاں: مساجد میں بڑے بڑے اجتماعات اور دیگر پروگرام ہوتے ہیں

خصوصاً رمضان المبارک میں مسلمان مرد اور عورتیں بچے مل کر اجتماعی افطاریاں کرتے ہیں۔ عورتوں، بچوں، بوڑھوں سب کے لیے دلچسپی کے مواقع الگ الگ مہیا کئے جاتے ہیں۔

خلاصہ

اسلامی معاشرے میں مساجد کا کردار نمایاں اور عیاں ہے۔ آج کل کے معاشرے میں انارکی اور افراتفری ہے۔ ہر طرح کے جرائم: معاشی، معاشرتی، اخلاقی، جنسی عام ہو رہے ہیں۔ انسانیت کا خون ارزاں ہے، شدت پسندی، دہشت گردی اور عدم برداشت کی فضا قائم ہے۔ غربت و افلاس مسلمانوں کا مقدر بن گیا ہے جبکہ ہمارے معاشرے میں شہروں اور قصبوں میں لاکھوں مساجد ہیں مگر اُن سے اصلاحِ معاشرہ کا کام نہیں لیا جا رہا۔ منبر و محراب سے اُٹھنے والی صدا کچھ اور ہے۔ آج کے اس پُر فتن دور میں ہمیں اصلاحِ معاشرہ کے لیے مسجد کے کردار کو پھر سے فعال بنانا ہو گا اور اِنہی خطوط پر عمل پیرا ہونا ہو گا جنہیں اپنا کر عرب کے بدو دُنیا کے امام اور رہبر بن گئے۔

سبق پڑھ پھر صداقت کا، عدالت کا، شجاعت کا
لیا جائے گا تجھ سے کام دنیا کی امامت کا

حوالہ جات

بحوالہ اعلام المساجد باحکام المساجد از زجاج: ص ۲۷
تاریخ مکہ مکرّمہ از ڈاکٹر محمد الیاس
سورۃ آل عمران:۹۶
سیرت النبیؐ از شبلی نعمانی و سید سلیمان ندوی: جلد ۲
المعجم الفہرس لالفاظ القرآن الکریم: ص ۳۴۵

سورۃ التوبہ:۱۸

سورۃ الاعراف:۳۱

صحیح بخاری:۱۱۹۷

صحیح مسلم:۶۷۱

سنن ابو داؤد:۱۶۵، جامع ترمذی:۳۲۳ وصححہ الالبانی

کشف الخفاء ومزیل الالباس از امام عجلونی :۲۶۸۹

تاریخ ابن خلدون

سورۃ التوبۃ:۱۰۸

المسجد ونشاطہ الاجتماعی علی مدار التاریخ از عبید قاسم وشلی

جہاں دیدہ از مولانا تقی عثمانی، ص۴۵۸

المسجد ونشاطہ الاجتماعی علی مدار التاریخ از عبد اللہ قاسم الوشلی، ص۳۶۵تا۳۹۸

تاریخ اسلام، مولانا اکبر شاہ نجیب آبادی

کتاب الصلوٰۃ از امام ابن قیمؒ، ص۱۰۵

* * *

۴

تعمیر معاشرہ میں مسلمان معلّم کا کردار

حافظہ عائشہ

اسلام میں علم کو مرکزی مقام حاصل ہے۔ اسلام جس طرح دین ہدایت ہے، اسی طرح اس کو بجاطور پر "دین علم" بھی کہا جا سکتا ہے۔ آنحضور ﷺ پر جو پہلی وحی نازل ہوئی تھی۔ اسی نے علم کی اہمیت کو واضح اور اجاگر کر دیا تھا، ارشاد ہوا:

﴿اقْرَأْ بِاسْمِ رَبِّكَ الَّذِي خَلَقَ ﴿١﴾ خَلَقَ الْإِنسَانَ مِنْ عَلَقٍ ﴿٢﴾ اقْرَأْ وَرَبُّكَ الْأَكْرَمُ ﴿٣﴾ الَّذِي عَلَّمَ بِالْقَلَمِ ﴿٤﴾ عَلَّمَ الْإِنسَانَ مَا لَمْ يَعْلَمْ ﴿٥﴾... سورۃالعلق

"اپنے رب کے نام سے پڑھئے جس نے پیدا کیا، جس نے انسان کو جمے ہوئے خون سے پیدا کیا اور آپ کا رب معزز و محترم ہے جس نے انسان کو قلم سکھایا۔ اس نے وہ کچھ سکھایا جو انسان نہیں جانتا تھا۔" غور کیجئے اس پہلی وحی میں علم کے متعلق کتنی بنیادی باتوں کا تذکرہ ہوا:

(۱) پڑھنے کا حکم، مسلمان ہونے کے لئے پڑھنا ضروری ہے۔ اسی بات کو نبی کریم ﷺ نے یوں بیان فرمایا:۔

طلب العلم الفریضہ علی کل مسلم

"علم حاصل کرنا ہر مسلمان (مرد و زن) پر فرض ہے"۔ (مشکوۃ کتاب العلم)

(۲) تعلیم کی بنیاد معرفتِ الٰہی ہے۔ یعنی اپنے رب کے نام سے اس کے حکم کے مطابق پڑھیئے۔ کیونکہ اسی نے انسان کو پیدا کیا اور ہدایت دینے والا ہے۔ لہذا اس کے ساتھ تمہارا کوئی مضبوط ہونا لازمی ہے۔

(۳) انسان بذات خود بڑا عاجز، بے بس اور ایک حقیر چیز سے پیدا ہونے والا ہے۔ یہ تو اس کا اللہ تعلی کے ساتھ تعلق اور اس کی ذات پر ایمان اور علم کا حصول ہے اس کو بلند مرتبے پر فائز کرتا ہے۔

(۴) اللہ تعلی بڑا فیاض اور کریم ہے۔ اس کی شان کریمی کا عطیہ ہے کہ وہ خود انسان کو ان چیزوں کی علم عطا فرمارہا ہے جس سے انسان بالکل ناواقف تھا۔

(۵) علم اور تعلیم و تعلّم کے ساتھ ساتھ ذرائعِ تعلیم یعنی قلم وغیرہ کی بھی اللہ تعلی نے تعریف و توصیف بیان فرمائی۔ بلکہ قرآن کریم میں ایک جگہ اللہ تعلی نے "قلم" کی قسم کھا کر پوری ایک سورت کا عنوان "قلم" بنا دیا ہے۔ اس طرح اسلام علمی دنیا میں ایک ہمہ گیر انقلاب کا پیامبر ثابت ہوا۔ کسی بھی تہذیب کے صحت مند ارتقا اور نشو نما کے لئے جو عوامل ضرور ہیں ان میں تعلیم سر فہرست ہے۔ اسلام ہی کو یہ امتیاز حاصل ہے کہ جہاں دنیا کے دیگر نظاموں نے تعلیم کو زندگی کی اولین ضرورت قرار دیا۔ تعلیم ایک ہمہ گیر ہے جس کا کام ہے وہ غلط اور صحیح، حق اور باطل، مفید اور مضر نیک اور بد کو الگ الگ چھانٹ کر رکھ دے اور ہدایت اور گمراہی کو واضح کر دے۔ جس کے ذریعے نئ نسلوں کی اخلاقی، ذہنی اور جسمانی نشونما بھی ہوتی رہے اور وہ اپنے عقائد و نظریات، تہذیب و ثقافت کی اقدار بھی تعلیم سے اخذ کرتے رہیں۔ حقیقت یہ ہے کہ ایک قوم کی زندگی کا انحصار ہی اس تعلیم پر ہے۔ ایک چینی کہاوت اس بات کی کتنی صحیح عکاسی کرتی ہے: "تمہارا منصوبہ اگر سال بھر کے لئے ہے تو فصل کاشت کرو۔ اگر دس

سال کے لئے ہے تو درخت لگاؤ، اگر دائمی ہے تو افراد پیدا کرو۔" اور افراد کی تعمیر صرف تعلیم ہی سے ممکن ہے اور استاد یہی کام انجام دیتا ہے۔ قرآن کریم میں رحمت للعالمین ﷺ کی بعثت کے جو اغراض و مقصد بتائے گئے ہیں۔اس میں تلاوتِ قرآن، تعلیمِ کتاب و تعلیم حکمت اور تزکیہء نفس کا بالخصوص ذکر ہے۔

﴿هُوَ الَّذِي بَعَثَ فِي الْأُمِّيِّينَ رَسُولًا مِّنْهُمْ يَتْلُو عَلَيْهِمْ آيَاتِهِ وَيُزَكِّيهِمْ وَيُعَلِّمُهُمُ الْكِتَابَ وَالْحِكْمَةَ وَإِن كَانُوا مِن قَبْلُ لَفِي ضَلَالٍ مُّبِينٍ ﴿٢﴾... سورة الجمعة

"وہی ذات تو ہے جس نے ان پڑھوں کے درمیان ایک پیغمبر مبعوث فرمایا جو ان کو قرآن پاک کی آیت پڑھ کر سناتا ہے انہیں گناہوں سے پاک کرتا ان کو کتاب اور حکمت کی تعلیم دیتا ہے یقیناً اس سے پہلے وہ کھلی گمراہی میں تھے۔" نبی پاک ﷺ نے خود اپنے بارے میں ارشاد فرمایا: انما بعثت معلّما" بیشک مجھے تو معلم بنا کر بھیجا گیا ہے۔" چنانچہ اس معلمِ اعظم ﷺ نے سرزمین حجاز کے صحرائی کلاس رام میں عرب کے جاہل اور اُجڈ بُدووَ کو خوفِ خدا، راستی اور صدق وصفا کی تعلیم دی کہ وہ دیکھتے دیکھتے نہ صرف خود اقوامِ عالم کے رہبر ورہنما بن گئے بلکہ اپنے تدبر و تفکر سے علم وفنون کے بند خزانوں کے دروازے سارے۔ نوع انسان کے لئے کھول دیئے۔ نبی کریم ﷺ کا ارشاد ہے:

"العلماء ورثۃ الانبیاء....... الخ"

علماء انبیاء نے درہم و دینار وراثت میں نہیں چھوڑے بلکہ ان کا ورثہ علم ہے جس نے علم حاصل کیا۔اس نے انبیاء کے ورثہ سے وافر حصہ پالیا۔پس تعلیم کا بنیادی مقصد ان پیغبرانہ فرائض کی بجا آوری ہے یعنی انسانوں کو اس مقصد اور مشن کی تعلیم دینا،اس کو صحیح الفکر بنانا، ان میں اپنے دین کا حقیقی اور سچا شعور پیدا کرنا اور انہیں مکمل وباشعور مسلمان، محبّ وطن شہری بنانا ہے اور ہے دور حاضری کی ضرورت پوری کرنے کے لئے دور حاضر کرنا سائنسی علوم اور ٹیکنالوجی کے ماہر تیار کرنا۔

تعلیم کو با مقصد ہونا چاہئے۔

واضح مقصد اور نصب العلین کی حرارت ہی کسی منصوبہ میں جان ڈال سکتی ہے اور جذبوں کو زبان عطا کر سکتی ہے۔ تعلیم بذات خود منزل نہیں بلکہ منزل کے حصول کا ذریعہ ہے۔ اماغزالی اپنی شہرہ آفاق کتاب "احیاء العلوم" میں لکھتے ہیں:" تعلیم کا مقصد یہی نہیں ہونا چاہیے کہ نوجوان ذہن کے علم کی پیاس بجھادے۔ بلکہ اس کے ساتھ اس کے اخلاق و کردار اور اجتماعی زندگی کے اوصاف نکھارنے کا احساس بھی پیدا کرنا چاہئے۔ ہمارے سامنے انسانی زندگی کا مثالی نم،ونہ رسول اکرم ﷺ کی مبارک ذات ہے جس کے بارے میں ارشاد ہوتا ہے۔)

﴿لَّقَدْ كَانَ لَكُمْ فِي رَسُولِ اللَّـهِ أُسْوَةٌ حَسَنَةٌ...﴿٢١﴾... سورۃالاحزاب

(بیشک تمہارے لئے نبی پاک ﷺ کی ذات بہترین نمونہ مجود ہے) اور آپ ﷺ چونکہ معلم اعظم تھے۔ لٰہذا آج کے مطعین کے لئے آپ ﷺ کی ذات ارفع کی پیروی کرنالازمی ہے۔ پھر اسلام، انسانی زندگی کو مذہبی اور غیر مذہبی حصوں میں تقسیم کرتا اسی طرح اسلامی نظامِ تعلیم کو دینی اور لادینی شعبوں میں تقسیم نہیں کیا جا سکتا۔ اسلام نظام تعلیم کا مقصد وہ مکمل تعلیم ہے جو ایک طرف خود کائنات اور کائنات میں انسان کے مقام کے خالق کائنات اور انسان کے درمیان تعلق کی وضاحت کرے تو دوسری طرف اس زندگی کے بعد آنے والی ابدی زندگی کے لئے بھی تیار کرے"۔

اسلامی معاشرہ میں استاد کی قدرومنزلت۔

فرمان نبوی ہے کہ

"خیرکم من تعلم القرآن و علمہ"

"تم میں سے بہترین شخص وہ ہے جو قرآن سیکھے پھر (آگے دوسروں کو سکھائے۔"

"رشک صرف دو آدمیوں پر جائز ہے ایک وہ جس نے مال دیا پھر اسے راہِ خدا میں خرچ کرنے کی توفیق بخشی اور دوسرے وہ جسے اللہ نے علم و حکمت عطا فرمائی پھر وہ اس کے مطابق لوگوں کے فیصلے کرتا اور ان کو حکمت کی تعلیم دیتا ہے"

من دلّ علی خیر فلہ مثل اجر فاعلہ(مسلم)

"جس نے (دوسروں کو) نیکی کی کوئی بات بتائی تو اس پر عمل کرنے والے کے برابر ثواب عطا کیا جائے گا" جو شخص طلب علم کے گھر سے نکلتا ہے۔ اسے اللہ تعلی جنت کے راستے پر چلا دیتا ہے۔"

طالب علم کی رضا کے لئے فرشتے اپنے پر بچھا دیتے ہیں۔ آسمان و زمین کی ہر مخلوق عالم کے لئے اللہ سے بخشش کرتی ہے۔۔۔۔۔۔

"عبادت گزار کے مقابلے میں عالم کو اتنی فضیلت حاصل ہے جتنی چودھویں رات کے چاند کو سارے ستاروں پر"

عالم کو ایک عبادت گزار کے مقابلے میں وہی فضیلت حاسل ہے جو مجھے یعنی نبی پاک ﷺ کو، تمہارے ادنیٰ صحابی پر، بیشک اللہ تعلی اس پر رحمت نازل کرتا ہے۔ فرشتے اور آسمان و زمین کی ہر مخلوق حتیٰ کہ اپنے بلوں کے اندر چونٹیاں اور پانی کے اندر مچھلیاں بھی اس کی لئے دعائے خیر کرتے ہیں۔ پھر آپ ﷺ نے یہ آیت قرآن ارشاد فرمائی: ﴿إِنَّمَا يَخْشَى اللَّهَ مِنْ عِبَادِهِ الْعُلَمَاءُ﴾ یعنی اللہ سے علماء ہی صحیح طور پر ڈرتے ہیں۔۔۔۔۔۔۔ مشہور مقول ہے کہ: تمہارے باپ تین ہیں: تمہارا باپ جس نے جنا، دوسرا جس نے تمہیں بیٹی دی، اور تیسرا جس نے تمہیں علم سکھایا۔ نبی کریم ﷺ کا فرمان ہے: "اللہ تعلی اس آدمی کو سرسبز و شاداب رکھے جس نے میری کوئی حدیث سنی پھر آگے لوگوں تک پہنچائی۔" استاد کا کردار یہ معلم کی فضیلت اور تقدس محض اس بنا پر

ہے کہ وہ کارِ نبوی کی وراثت اور تسلسل کا ذمہ دار ہے۔ آنحضور ﷺ آخری پیغمبر ہیں۔ آپ ﷺ کے بعد کوئی پیغمبر نہیں آئے گا۔ اس لئے آپ ﷺ کے بعد یہ مشن اساتذہ کے کندھوں پر ہے کہ وہ امت کی بہترین انداز میں رہنمائی کریں اور انہیں راہ حق سے نہ بھٹکنے دیں۔ اس عظیم مقام و مرتبہ کی عظمت جتنی مسرت بخش ہے، اس کی ذمہ داری بھی اتنی ہی نازک اور اہم ہے۔ معلمین کرام اگر اپنی ذمہ داریوں کی تعین اس پہلو سے کریں اور اس نقطۂ نظر سے اپنے فرائض منصبی اور اہمیتِ کار پر غور کریں تو اضطراب کے بے شمار پہلو ان کے سامنے آئیں گے۔

معلم بچوں کی تربیت، معاشرے کی رہنمائی اور امت مسلمہ کی تعمیر و ترقی کا ذمہ داری پر فائز ہوا کرتے تھے۔ لہٰذا اس ذمہ داری کی بکمال و تمام انجام وہی معلم کو محترم اور معتبر بناتی ہے اور اپنے فرائض میں کوتاہی، غفلت اور حلیہ جوئی اسے اللہ کے نزدیک ناراضی کا باعث اور عوام میں بے آبرو دبے وُقعت بناتی ہے۔ مقامِ غور ہے کہ استاد جن جن برگزیدہ ہستیوں کا وارث ٹھہرایا گیا ہے وہ کتنی بے غرض تھیں وہ تو پتھر کھا کر بھی اپنے فرائض ادا کیا کتی تھیں۔ گالیاں سُن کر بھی اپنی قوم کے لئے 'ہدایت کے لئے دعائے خیر کیا کرتی تھیں۔ انتہائی مشکل اور نامُساعد حالات میں بھی کسی دنیاوی منفعت اور جاہ طلبی کے بغیر پوری جان ماری سے معاشرے کی خدمت جاری رکھی، اسے جہالت لے ظلمتوں سے نکالنے کی سعی کی اور ان کو اپنے رب کی فرمابردار و مطیع بندہ بنے کا راستہ بتایا۔ آج کے معلم یہ اعتراض اٹھا سکتے ہیں کہ ہم جیسے کمزور انسان اتنے مثالی کردار کا مظاہرہ کیسے کر سکتے ہیں لیکن تھوڑا سا غور کرنے کے بعد یہ بات بے وزن محسوس ہونے لگتی ہے۔ کیونکہ معلم کا عظیم منصب ہم نے خود نہیں چُنا تھا، بلکہ اللہ نے ہمیں مسلمان بننے کی سعادت بخشی پھر اس کے بعد معلم بننے کی سعادت بھی اسی کی عطا کردہ ہے۔

ہمیں تو اللہ کا شکر ادا کرنا چاہئے کہ اس نے خود اپنی نوازش سے مقام عطا کیا۔ نہ صرف یہ مقام دیا بلکہ ساتھ ہی ہمارے نان نفقہ کا بندوبست بھی اسی ذمہ داری کے ساتھ وابستہ کر دیا۔ معلم تو قوم کا مُربیّ ہے، وہ ان کو تعلیم دیتا ہے پھر ان کی تربیت کرتا ہے۔ پھر معلم قوم کا مُزکیّ ہے کیونکہ ان کا تزکیہ نفس کرتا ہے اور انہیں گناہوں سے پاک صاف کرتا ہے۔ اس معلم کے مزکی اور عربی منصب پر فائز ہونے کا تقاضا یہ ہے کہ معلمینِ کرام پوری دلسوزی سے، جانفسانی اور خلوصِ دل سے اپنے فرائض انجام دیں، مسلم امت کی تعمیر کے لئے نسلِ نَو کی تربیت میں کوئی کسر نہ اٹھار کھیں۔ انہیں اسلامی نظریہ دیں۔ نظرییہ قوم کو روحانی قوت عطا کرتا ہے نظریہ کے بغیر قوم بے تربیت افراد کا مجموعہ بن جاتی ہے۔ یہ جذبہ ایمانی تو ہے جو انسان کو بے تیغ بھی لڑنے کے لئے آمادہ کر دیتا ہے، جنگیں صرف سازو سامان سے نہیں جیتی جا سکتیں۔ مادی فائدوں، دنیاوی لزتوں کے لالچ کے بغیر اپنے فرائض پوری تندہی سے انجام دیں۔ تاکہ روزِ قیامت اللہ کے ہاں سرخرو ہوں، باقی رہ گئی بات دنیاوی حرص وہَوَس کی تو اس کی کوئی حد نہیں ہوتی اور صبر و قناعت سے بڑھ کر کوئی نومت نہیں ہے۔

اساتذہ کو تو نہ صرف خود صبر و قناعت اختیار کرنا ہے بلکہ اپنے شاگردوں کو اس کی تعلیم دینا اور اس کی تربیت بھی کرنا ہے۔ نبی کریم ﷺ کا ارشاد گرامی ہے۔ "جو کوئی بھی مسلمانوں کے کسی معاملے کا ذمہ دار بنا پھر ان کے لئے ایسی خیر خواہی اور کوشش نہ کی جتنی وہ اپنی ذات کے لئے کرتا ہے۔ تو اللہ تعلی اس منہ کہ بل جہنم میں ڈال دے گا"۔ تو جو معلمین و معلمات اپنی ذمہ داریاں (جو نسلِ نو کی تعلیم و تربیت کے سلسلے میںاساتذہ پر عائد ہوتی ہیں) اُسی اضطراب و احساس کے ساتھ پھری کر رہے ہیں، جس اضطراب اور فکر سے اپنے بچوں کی تعلیم و تربیت کرتے ہیں، بے شک اللہ کے بھی سرخرو اور بندوں

میں بھی محترم اور معزز ہیں۔ اور اگر اس میں ذرہ بھر بھی کوتاہی کرتے ہیں تو روزِ قیامت اللہ کو کیا جواب دیں گے جبکہ وہاں حلات کی ناسازگاری، مادی سہولتوں کی کمیابی اور ملازمتی آسائشوں کی نایابی، قوم کی عدم توجہی، طلبہ کی عدم دلچسپی میں سے کوئی بھی عذر کام نہ آسکے گا۔ جو اساتذہ اپنے مقام و منصب کو سمجھ کر بطریقِ احسن اپنا کردار ادا کرتے ہیں تو وہ تاریخ کے اوراق میں اپنا ذکر ثبت کر جاتے ہیں۔ ان کے شاگرد ان سے ابدی رشتہ جوڑ لیتے ہیں، ان کی شاگردی پر تادمِ مرگ فخر کرتے رہتے ہیں۔ ان کی تیار کردہ ٹیم دنیا کے لئے حیات بخش انقلاب کی نوید بنتی ہے اور رسوم و رواج کی زنجیروں، جہالت کی تاریکیوں کو دور کر کے اپنی پوری قوم اور ملت کے لئے رُشد و ہدیت کا باعث ثابت ہوتی ہے۔ امام احمد بن حنبل، امام ابو حنیفہ، امام غزالی، امام ابن تیمیہ جیسے بڑے بڑے اساتذہ کے ذکر خیر کے بغیر ہماری تاریخوں ادھوری رہ جاتی ہے۔

مسلمان معلمین کی ذمہ داریاں

مسلمان معلم پر دوہری ذمہ داریاں عائد ہوتی ہیں ایک تو وہ جو محض معلم ہونے کے ناطے ان کے لئے ضروری ہے۔ دوم وہ جو مسلمان معلم ہونے کی بنا پر ہیں۔ بنیادی طور پر ہر معلم معمارِ قوم ہوتا ہے۔ وہی ہر وقت نسلِ نو کی تربیت کرتا رہتا ہے اور ان کو مختلف علم و فنون پڑھاتا رہتا ہے، ذاتی نمونہ و کردار سے ان کی تربیت کرتا رہتا ہے۔ حتیٰ کہ تمدن کے تمام شعبوں کو سنبھالنے والے مردانِ کار استاد ہی کی تعلیم و تربیت کے مرہون منت ہوتے ہیں۔ چاہئے وہ مملکت کی باگ ڈور سنبھالنے والے ہوں یا عدلیہ کو لانے والے، وہ وکیل ہوں یا انجینئر، ڈاکٹر ہوں یا پروفیسر۔ وہ فوج میں ہو یا پولیس میں۔ بہر حال ہر کوئی زندگی کے جس شعبہ میں کام کر رہا ہے وہ اپنے استاد کی تربیت کا عکس ہوتا ہے۔ لٰہذا استاد کا بنیادی فریضہ انسان سازی میں اگرچہ نصابِ تعلیم اور تعلیمی اداروں کی بھی

گہرا اثر ہوتا ہے مگر حقیقت یہ ہے کہ سب سے بڑھ کر اس کا اہم ستون استاد ہی ہے وہ پورے نظامِ تعلیم کا مرکز و محور ہے۔ نصاب تعلیم اسی نے پڑھانا ہے اس لئے جس طرح جاہے پڑھائے۔ لہٰذا اگر استاد اپنی اہمیت و ذمہ داری محسوس کر لے اگر اس کو اپنے مقام سے آگہی ہو اگر اس کو احساس ہو کہ وہ اول و آخر مسلمان ہے اور اس نے اسلامی انقلاب کے لئے نسل نو کو تیار کرنا ہے۔ تو ہر قسم کے حلات میں بھی آنے والی نسل نو کی بے پناہ قوتوں کو اسلام کے لئے مسخر کر سکتا ہے۔ ع

آگاہ اپنی حقیقت سے ہو اے دہقان ذرا
کہ دانہ بھی تو کھیتی بھی تو حاصل بھی تو

استاد کے لئے چار میدانِ عمل۔

چار عملی میدان ہیں جہاں استاد کو اپنا مقام پہچاننا اور اس کے مطابق کام کرنا ہے:

(۱) اپنی ذات کی تعمیر

(۲) علم میں مسلسل اضافہ کرتے رہنا

(۳) شاگردی کی تعمیر سیرت

(۴) اپنا تعلیمی ادارہ۔

اپنی ذات کی تعمیر : اسلامی نظام تعلیم کا پہلا مقصد یہ ہے کہ انسان کے دل میں اپنے خالق کی عظمت جاگزیں ہو۔ اللہ پر اس کا ایمان مضبوط ہو۔ احکامِ الٰہی کے سامنے وہ تابع ہو نبی اکرم صلی اللہ علیہ وسلم کی شریعت کا پابند ہو۔ آخرت کی جوابدی کا احساس ہر وقت اس کو غلط کام سے روکے۔ دوسرے لوگوں کے ساتھ وہ عدل کا برتاؤ کرے۔ اعلیٰ اخلاقی اقدار کا پابند ہو۔ خوش اخلاق اور نرم خو ہو۔ علم کو عبادت سمجھ کر حصل کرے نہ کہ معاش کی خاطر۔ علم تو تعمیر سیرت کے لئے ہے۔ خود شناسی کے لئے ہے۔ روح کی پاکیزگی، اخلاق کی

بلندی اور کردار کی تعمیر کے لئے ہے وسیلہ معاشی او فکر معاشی کے لئے ہمارے تیرہ صد سالہ دور ماضی میں تعلیم ہمیشہ مُفت رہی اور کبھی بھی طلبہ سے فیس وصل نہ کی گئی۔ حکومت خود تعلیم کا سارا بندوبست کرتی تھی۔ تعلیم ایک مشن ہے: چنانچہ ایک حقیقی استاد کوئی پیشہ ور کتابیں پڑھانے والا نہیں ہوتا بلکہ وہ ہر وقت اپنے علم میں اضافہ کرتا رہتا ہے۔ اپنے مضمون کے بارے میں جدید ترین معلومات حاصل کرتا رہتا ہے وہ ایک مشنری ہوتا ہے۔ محض روزی کمانے کے لئے اور بھی بہت سے کام کئے جاسکتے ہیں، اسی طرح استاد بھی بن گئے، مگر حقیقی استاد کا معاملہ بالکل اور ہوتا ہے۔ حقیقی استاد ہی ہے جو اپنی زندگی کا مشن سمجھتا ہو کہ جو علم ہم کو اگلوں سے پہنچا ہے، جو نظریات تہذیب، اعقائد، انکار، عادات، خصائل جو کچھ بھی ہمیں اپنے اسلاف سے ملا ہے۔ اس کو ہم صحیح شکل میں عمدگی اور پوری دیانت داری کے ساتھ اگلی نسل تک پہنچادیں۔ تو ایسا شخص واقعی استاد ہے اور اگر کوئی اس جذبے سے کام نہیں ہے۔

پھر ایک معلم اپنی رفتار، گفتار، غرض ہر بات میں معلم ہوتا ہے۔ اس کی ایک ایک چیز شاگردوں پر اثر ڈالتی ہے۔ وہ صرف کتاب نہیں پڑھتے بلکہ وہ خود اس کی بھی مطالعہ کرتے ہیں۔ جس وقت وہ کلاس میں داخل ہوتا ہے جب پڑھا ھوتا ہے، پڑھانے کے دوران اس کی دلچسپی یا بیزاری ہر بارت پورے وقت میں طلبہ پر اثر انداز ہوتی ہے پھر وہ کلاس سے باہر، بازار میں، اپنے گھریلو معاملات میں، ہر وقت طلبہ کے لئے نمونہ ہوتا ہے گالی دینے والا استاد زبان سے گالی دینے کو تو نہ کہے مگر عمل سے وہ گالی دے رہا ہوتا ہے۔ ایک بد مزاج استاد جو ذراسی بات پر تو مشتعل ہو جائے لیکن زبان سے طلبہ کو بد مزاج بننے کی تعلیم دے مگر عمل سے وہ طالب علم کو یہی سبق دے رہا ہوتا ہے کہ جو بات تمہاری مرضی کے بر عکس ہو فوراً بھڑک اٹھو اور جو شخص تمہاری مرضی کے خلاف کام

کرے اس پر فوراً برس پڑو لہٰذا یہ دیکھنا استاد کا کام ہے وہ معاشرے کو کس قسم کے انسان دے رہا ہے اور کس نوع کے کردار تعمیر کر رہا ہے۔

شاگردوں کی تعمیر سیرت :

نبی پاک ﷺ کا ارشاد ہے: الا کلکم راع و کلکم مسؤل عن رعیتہ "سنو تم میں سے ہر شخص ذمہ دار ہے اور اس سے اس کی رعیت کے بارے میں پوچھا جائے گا"۔ چنانچہ ایک حقیقی معلم اپنے شاگردوں سے شفقت و محبت اور نرمی سے پیش آتا ہے۔ وہ ان کو دبکانے کے بجائے اپنی ذات سے مانوس کرتا ہے۔ جو سوال وہ کریں اس کا جواب وہ شفقت سے دیتا ہے۔ کلاس روم میں وقت پر پہنچتا ہے۔ وقت پورا ہونے پر کلاس چھوڑتا ہے اور خواہش مند بچوں کو کلاس کے علاوہ بھی وقت دیتا ہے۔ ان کی تعمیر سیرت کی بہت فکر کرتا ہے۔ ان کے دلوں میں ایمان خوف خدا اور اتباع شریعت، آخرت کی جوابدہی کا احساس اجاگر کرنے کی کوشش کرتا ہے۔ ان کے ذہنوں سے تمام آلودگیوں کو دور کرنے اور دین کے بارے میں اغیار کے پھیلائے ہوئے شکوک و شبہات دور کرنے میں ہمہ تن مصروف رہتا ہے ان میں حمیت اور جذبہ جہاد بیدار کرتا ہے۔ اپنے طلبہ کی سیرت سازی کی خاطر خود بھی پابند دین و شریعت کے عملی نمونہ پیش کرتا ہے۔ پھر ایک اچھا استاد اپنے طالب علموں کے دلوں میں بھی مقصد اور نصب العین کی لگن پیدا کرتا ہے ان کو بیکار مشاغل سے اجتناب کرنے اور دین اسلام کو سربلند کرنے کی لگن سے سرشار کرتا ہے۔ وہ ان کو دنیا سے بے نیازی اور مادیت پرستی سے اجتناب کی تلقین بھی کرتا ہے کیونکہ جو علم صرف تلاشِ معاشی اور تن آسانی کا ذریعہ بن جائے، وہ آستین کا سانپ ہے اور جو علم دل و نگاہ کو پاک صاف کرے وہی: اصلی علم ہے۔

پھر ایک اچھے معلم کے لئے ضروری ہے کہ اپنے شاگردوں کو محنت کا عادی

بنائے۔ قانون قدرت کے تحت جھولی اسی کسان کو بھرتی ہے جو اپنا خون پسینہ ایک کر دے۔ آج کاہلی، سستی، ضیاع وقت اور کام کو ٹالنے کی عادت ہماری امتیازی خصوصیت بن چکی ہے۔ نتیجتاً تعلیم و تعلم کا معیار بہت گر چکا ہے چنانچہ شاگردوں کے دلوں میں محنت کی عظمت راسخ کرنا اور جانفشانی سے کام کرنے کی عادت ڈالنا استاد کے لئے بہت ضروری ہے تاکہ وہ نِت نئے تجربات کرے اور قدرت کی نعمتوں کو انسان کی فلاح و بہبو کے لے استعمال کرنے میں سب سے آگے آگے ہو۔ کسی بھی قوم کے لئے قومی اتحاد و یکجہتی اولین ترجیح ہوتی ہے۔ اور ہمارے پاس تو اسلامی عقائد و فنکار ہیں۔ ہمارا اپنا نظریہ ہے جو اس یکجہتی کی بنیاد بن سکتا ہے اور مختلف ثقافتوں اور زبانوں کو متحد رکھ سکتا ہے۔

چند برس پہلے کا قصہ ہے کہ مختلف لسانی و صوبائی تعصّبات کو ہندو اساتذہ کے ہوا دے کر ہماری یکجہتی اور قوم وحدت کو بہت نقصان پہنچایا بلکہ آدھا پاکستان بھی گنوا دیا اور باقی پاکستان میں بھی اپنی تعصبات کا زہر گھولا جا رہا ہے۔ تو ایک اچھے معلم کا فرض ہے کہ وہ اپنے کو ان صوبائی و لسانی تعصّبات سے نکال کر ان کے ذہنوں کو اسلامی اخوت سے آشنا کرے۔ نظریہ پاکستان اور جذبہ حبُ الوطنی کا درس دے، پھر اچھا استاد وہ ہے جو خود تخلیقی قوت رکھتا ہو اور آگے یہی تخلیقی قوت اپنے شگردوں کو منتقل کرے۔ اک تخلیقی ذہن رکھنے والا استاد اسباب و وسائل نہ ہونے کے باوجود مسلسل محنت سے اپنے کام میں لگا رہتا ہے وہ اپنے شاگردوں میں بھی یہ عادت راسخ کر دیتا ہے۔

استاد اور تعلیم گاہ:

ایک مسلمان معلم اپنے تعلیمی ادارے میں پوری کوشش سے اپنا پورا وزن اسلام کے حق میں ڈالتا ہے۔ یہ کتنی بد نصیبی ہے کہ اسلام دشمن یا سلام بیزار لوگ ہر موقع پر یکجا ہو جاتے ہیں۔ مگر اسلام پسند لوگ اپنی غیر جانبداری ثابت کرنے میں لگے رہتے

ہیں۔اس لئے مسلمان استاد کا فرض ہے کہ اپنے تعلیمی ادارے میں اپنے طلبہ کے درمیان اسلامی قدروں کے نفاذ کے لئے ایک مضبوط ستون بن کر کھڑا ہو جائے۔وہ بر حال پہلے اللہ کا بندہ ہے اور پھر گورمنٹ کا ملازم۔لازمی ہے کہ ہر حالت میں ہر مقام پر:

﴿وَتَعَاوَنُوا عَلَى الْبِرِّ وَالتَّقْوَىٰ ۖ وَلَا تَعَاوَنُوا عَلَى الْإِثْمِ وَالْعُدْوَانِ ۚ وَاتَّقُوا اللَّهَ... ﴿٢﴾... سورة المائدة

(نیکی اور پرہیز گاری کے کاموں میں ایک دوسرے کی مدد کرو اور گناہ زیادتی کے کاموں میں باہم تعاون نہ کرنا) کے حکم قرآنی کی تعمیل کرتے ہوئے خیر کے موقع پر سب سے آگے آگے ہو اور اس کی ووٹ لازماً اسلامی کے حق میں جائے اور دینداروں کی تقویت کا باعث بنے۔یہی عصر حاضر میں معلمین کے لئے چیلنج ہیں جن کو بحُسن وخوبی مکمل کر کے وہ اپنے مقصد میں کامیاب ہوسکتے ہیں۔

آج کے دور میں جنگیں میدانِ جنگ میں کم لڑی جاتی ہیں اور فکر و نظریاتی محاذ پر زیدہ تو معلمین ہیں جو قوم کو اعلیٰ قیادت مہیا کرتے ہیں۔ان کو بلند مقصدِ حیات کا شعور دیتے ہیں اور ان کے لئے فکری و نظریاتی جہت مقرر کرتے ہیں۔اس طرح ان کو بامِ ان کو بامِ عروج پر پہنچاتے ہیں۔لارڈ میکالے کے وضع کردہ نظامِ تعلیم نے مسلمان کو نہ صرف ان کے شاندار ماضی سے بیگانہ کیا آندہ کے لئے بھی ان کو دین بیزار اور تہذیبِ مغرب کا دلدار بنادیا۔پھر اس فرنگبت زدہ نظام تعلیم کو نتیجے میں جو قائدین مسلمانوں کو میسر آئے وہ سب اسلام سے دور،اپنے دین سے تفور،اہل مغرب کے مفادات کے پجاری اور ان سے بڑھ کر ان کے وفارار ثناخوان تھے۔

نتیجہ یہ نکلا کہ بیشتر مسلمان ممالک جسمانی طور پر آزاد ہونے کے باوجود ذہنی طور پر امریکہ وبرطانیہ کے تسلط سے آزاد نہ ہوسکے۔بلکہ مغرب کے ہاتھ میں کٹھ پتلی بن کر رہ گئے۔نہ صرف قائدین بلکہ تقریباً تمام جدید تعلیم یافتہ طبقہ بھی مغربی طور اطوار کا دلدادہ

بن گیا اور اپنی اقدار و روایات کو رجعت پسند اور دقیانوسی قرار دینے لگا۔ مادیت کی ہمارے معاشرے میں ایک دوڑ شروع ہو گئی۔ اپنے فرائض سے پہلو تہی اور حقوق کے حصول کے لئے تشدد و تخریب کاری کا عنصر بڑھنے لگا۔ یہ تعلیمی ادارے جن کو مادرِ علمی کہا جاتا ہے، جہاں سے علم و حکمت کے اُجالے پھوٹتا تھے، آج یہاں عصبیت پرستی اور کلاشن کوف کلچر کا راج اخلاق اقتدار تباہ ہو رہی ہیں اور تعلیمی معیار زوال ی انتہا پر ہے۔ آج کوئی حولہ مؤثر نہیں آتا۔ دین کے نام پر پکاریئے یا مشرقی تہذیب و اقتدار کی دہائید یجئے۔ دلوں میں ندامت کا کوئی احساس نہیں جاگتا۔ بزرگوں کے حولے سے بات "جزیشن گیپ" کے مغربی طرز فکر نے غیر مؤثر بنا کر رکھ دی ہے۔ اسی کی زد میں آکر خود اساتذہ کی تاقیر اور احترام بھی قصہ پارینہ بن چکا ہے۔ اس صورت حال کے پیدا ہونے کے یقیناً بہت سے عوامل ہیں جس میں نوجوان نسل کی اپنی کوتاہی بھی ہے، والدین کی تغافل بھی اور نصاب تعلیم کی خامیاں بھی ہیں مگر قومی زندگی کے ذمہ دار منصب پر فاے ئز ہونے کی وجہ سے اساتذہ کو بھی اپنا جائزہ ضرور لینا چاہئے کہ اس قومی بحران کے وجود میں آنے میں اساتذہ کی ذمہ داری کہاتک ہے۔ اس لئے کہ زندہ قوموں کا یہی شیوہ ہوتا ہے کہ بقولِ اقبال

صورت شمشیر ہے دست قضا میں وہ قوم
کرتی ہے جو ہر زماں اپنے عمل کا احتساب

اگر استاد اپنی کوتاہیوں کا تھوڑا سا اوراک بھی کر لیں تو یہ احساس ہی ترقی کی جانب سفر پہلا قدم ہو گا۔ مغربی مادہ پرست معاشرہ کا ایک بہت بڑا المیہ یہ ہے کہ وہاں ہر چیز کو پیسے کے ترازو میں تولا جاتا ہے۔ بد قسمتی سے یہی رجحان ہماری شعبہ تعلیم و تدریس میں بھی گھس آیا ہے۔ اب تدریس ایک منصب نہیں رہا، بلکہ بڑھئی اور موچی کی طرح کی

ایک پیشہ بن گیا ہے۔ ہماری (M.A)۔(B.A) ایم۔اے۔اور بی۔اے کی ڈگریاں گریڈ ۱۶، ۱۵ اور ۱۷ کی ملازمت کے حصول کی ذریعہ بن کر وہ گئی ہیں۔ اگر پڑھی لکھی نسل کو حسبِ منشا ملازمت نہیں ملتی تو وہ سکولوں میں تدریس کا پیشہ اپنا لیتے ہیں۔ پھر انہیں اپنی تذلیل کا احساس، ناقدری کا احساس، محرومی کا احساس، اور ضروریاتِ زندگی کے لئے آمدنی کے ناکافی ہونے کا احساس اتنا دل برداشتی ہوتا ہے کے اسے تدریس سے، تعلیمی ادارے سے، اور اپنے طالب علموں سے کوئی دلچسپی نہیں رہتی۔ اس کی کارگردگی پست ترین ہو کر رہ جاتی ہے۔

غور فرمایئے کہ روزانہ پانچ گھنٹے اس لاپرواہ، دل برداشتہ اور تندخو استاد کے ساتھ گزار کر بچوں کی شخصیت کس سانچے میں ڈھلے گی۔ پھر جب یہی بچے گستاخی سے ہمیں آگے جواب دیتے ہیں تو ہم کہتے ہیں کہ جب ہم شاگرد تھے تو ہم ایسے گستاخ اور بدزبان تو نہ تھے۔ واقعی ٹھیک! مگر یہ بھی تو حقیقت ہے کہ ہمارے استاد بھی تو ہمارے جیسے نہ تھے۔ ہمارے استاد تو شوقِ علم اور ذوق تحقیق کم ہوتا گیا ہم زوال پذیر ہوتے گئے۔ سکولوں کالجوں کی بات جانے دیں، خود ہماری یونیورسٹی کے اساتذہ بھی کی عملی لیاقت کو چلانے کے عادی ہوتے ہیں۔ پھر مزید ستم یہ کہ ہماری اساتذہ کی علمی لیاقت کو جلانے کے لئے دوران سیشن یا طویل تعطیلات گرما کے دوران کوئی تعلیمی لیکچر، کسی سیمینار یا ورکشاپ، کسی ریفریشر کورس کا اہتمام نہیں کیا جاتا۔ الا ماشاء اللہ، نہ حکومتی سطح پر نہ تعلیمی اداروں کی جانب سے نہ اساتذہ تنظیموں کی طرف سے۔ محسوس ہوتا ہے کہ تعلیم و تحقیق کا میدان ہم نے مغربی اقوام کے لئے چھوڑ دیا ہے آج ہمارا اچھے سے اچھا استاد وہ ہے جو ذاتی زندگی میں عبادت گزار اور دیانت دار ہے مگر منصبِ تدریسی کے تقاضے پورے کرنے والے، اپنے علم و تحقیق کو مسلسل جِلا دیتے رہنے والے اساتذہ بالکل معدوم ہوتے

جارہے ہیں۔ نوجوان نسل کی بے مقصد زندگی، نظم وضبط سے عاری اور بے سلیقہ طور پر تنقید کرنا تو اساتذہ کا روزمرہ کا موضوع ہے۔ مگر ہم لوگ اس لحاظ سے اپنا جائزہ بہت کم لیتے ہیں کہ ہمارے کمرے جماعت، ہمارے تعلیمی شیڈول، ہمارے تعلیمی ادارے اور خود ہمارا طرز عمل تو انہیں نظم و ضبط کے بجائے بد نظمی اور خود غرضی کی تعلیم دینا ہے۔ ٹیوشن، گائیڈ بکس استعمال کرنے کی ترغیب، ڈیوٹی کے اوقات میں ذاتی کام، سرکاری ملکیت اشیاء کو ذاتی استعمال میں لانا، کلاسوں میں پانچ دس منٹ کی تاخیر سے جانا، جلدی کلاسیں چھوڑ دینا، داخلوں امتحانات اور نتائج کی تیاری میں اصول کے خلاف کام کرنا یہ سارے عملی مظاہر جب طلباء کے سامنے ہوں اور اس استاد کے ہاتوں وہ یہ سب کچھ ہوتا دیکھیں جس کو وہ علم و تقدس کے اعلی معیار پر فائز سمجھتے ہوں تو یہ سب کچھ پھر اُن کے اپنے لئے کیوں یہ جائز اور مستند ہو گا؟

خواتین اساتذہ میں یہی مسائل کچھ اور طرح سے بھی رنگ دکھاتے اور مسائل پیدا کرتے ہیں کہ اساتذہ کے اس اخلاقی و عملی طرز عمل کے ساتھ فیشن، اسراف، مغرب زدگی، بے حیائی اور عریانی کا ایک جواز طالبات کے پاس ہے اور وہ ہے خود اساتذہ کے خوبصورت میچنگ والے لباس، جوتے ہینڈ بیگ، بلکہ ہم اگر کسی حد تک رُکے ہوئے ہیں تو خود اس کی تکمیل ہماری اس فیشن پرستی نے کردی ہے اب اگر بچے اسلامی شعائر سے نالاں ہیں، تو کیا ہم نے اپنی شخصیت سے اور اپنے رویے سے یہ چیزیں ان کے لئے پسندیدہ بنانے کی کوشش کی بلکہ ہمارا طرز عمل تو شاگردوں کی روحانی اور اخلاقی موت کے مترادف ہے۔

یقین کیجئے کہ اساتذہ کی اخلاقی شعور سے بے نیازی نے اگلی نسل کی بد دیانت، خائن، لالچی بنا کر معاشرتی بگاڑ پیدا کیا۔ علمی سے بے پرواہی نے نقل، سفارش اور اثر و

سوخ سے اسناد حاصل کرنے والے نالائق ڈاکٹر، انجینئر، وکیل، جج، استاد اور سائنسدان ان معاشرے کو دیئے جن کی بے بصیرتی اور پیشہ ورانہ مہارت میں کوتاہی نے معاشرہ میں ہر ذمہ دارانہ ڈیوڈٹی کا معیار گرادیا۔ اور پھر اساتذہ کی نظریاتی شعور سے محرومی، اگلی نسل کو جب حبُّ الوطنی، دین اسلام سے محبت مضبوط ایمان اور جذبہ نہ دے سکی تو انہوں نے پھر ہر نظریے، ہر پکار اور نعرے کو آنکھیں بند کر کے اپنانا شروع کر دیا بغیر دیکھے کہ اس سے ہمارا ایمان خطرے میں نہیں پڑتا، یہ وطن کی بنیادوں کیو تو نہیں مسمار کر رہا۔ چنانچہ آج کی نسل نہ مسلمان ہے اور نہ محبّ وطن بلکہ وہ پہلے سندھی، بلوچی اور پنجابی اور سرحدی بنی۔ بعد میں کچھ اذر۔۔۔۔ بقولِ اقبال

گلا تو گھونٹ دیا اہلِ مدرسہ نے تیرا
کہاں سے آئے صدا الا الہ الا اللہ

اگر استاد اپنے پیشے کے تقدس اور اس کی اہمیت پر غور کریں کہ بڑے بڑے قومی رہنماؤں سے لے کر معمولی کلر اور پرائمری پاس تاجر سب ہی اس کے زیر تربیت رہ کر آتے ہیں اور ان میں سے ہر کسی کا بگاڑ اساتذہ کے کھاتے میں آتا ہے تو یہ بات ان کے اپنے طرز عمل میں اصلاح کی ضرورت اور اہمیت پر انہیں خود ہی آمادہ کر سکتی ہے۔ مزید بر آں جب یہ احساس جاگزیں ہو جائے کہ یہ سینکڑوں نہیں بلکہ ہزاروں شاگرد ہمارے پاس امانت ہیں۔ اور ہم اس امانت کے لئے خدا کے ہاں جوابدہ ہیں اور یہ روز قیامت ہمارے لئے سرخروئی یا سیاہ روئی کا سبب اور میزان بنیں گے تو پھر ہم کو ہر گھڑی طالب علم کے حقوق ادا کرنے کی فکر ہو گی ادر اپنے منصب کا یہ شعور ہماری دین و دنیا سنوار دے گا۔ یاد رکھئے اگر کسی استاد کا اپنے طلبہ پر کوئی اثر نہیں، وہ ان کو غنڈہ گردی اور ایجی ٹیشن سے نہیں روک سکتا۔ تو وہ بحیثیتِ استاد بالکل ناکارہ ہے وہ اپنے ادارے یہ اپنے معاشرے

کے لئے کسی قدر و قیمت کا حامل نہیں۔ اساتذہ تو اپنے طلباء کے لئے قابلِ بھروسہ مشیر و رہنما ہوتے ہیں۔ اچھے قابل استاد آج بھی طلبہ کے درمیان عزت و تکریم و احترام کی نگاہ سے دیکھے جاتے ہیں۔ اگر نئی نسل نظم و ضبط کی پابندی اور اپنے نظریہ ایمانی سے سرشار اسلام کی معاشرتی و اخلاقی اقدار پر یقین رکھتی ہو یقیناً اعتراف کیا جائے گا کہ ان کے اساتذہ بہت اچھے تھے۔ جنھوں نے ان کو صحیح تعلیم و تربیت اور رہنمائی فراہم کی ہے۔ اس کے برعکس اگر طلباء سرکشی، کج روی ت، توڑ پھوڑ، ہنگامہ آرائی کا مظاہرہ کریں، منشیات اور کلاشن کوف کی غلط عادات بڑھتی جائیں تو یہ نتیجہ اخذ کرنے میں دیر نہیں لگے گی کہ ان کی تربیت غلط ہاتوں میں ہوئی ہے۔

احیائے اسلام اور معلم

آج کا دور احیائے اسلام کا دور ہے۔ افغانستان میں روسی فوجیوں کی آمد (۱۹۷۹ء) پر افغانستان میں جو علمِ جہاد بلند ہوا، اس کی زمامِ کار کابل یونیورسٹی کے پانچ سرکردہ مسلمان غیور اساتذہ کے ہاتھ میں تھی ان جذبہ جہاد سے معمور ایمانی قوت سے سرشار اساتذہ نے پوری افغان کو اپنی قلیل تعداد اور کم مائیگی و تہی دامنی کے باوجود روس کے خلاف جہاد پر آمادہ کیا اور بلاخر آج کی دنیا کا یہ سب سے بڑا معجزہ رونما ہوا کہ روس جیسی سپر پاور کو افغان جیسی چھوٹی قوت نے ناکوں چنے چبوا کر افغانستان سے نکل جانے پر مجبور کر دیا ان بہادر غیور افغانوں کی مثال سامنے رکھتے ہوئے فلسطین میں مسجدوں کے قائدین اور معلمین نے تحریکِ انتقاضہ کا آغاز کیا اور اپنی غلیلوں میں چھوٹے چھوٹے کنکر رکھ کو اسرائیلی فوجیوں کو سراسیمہ و پریشان کر کے رکھ دیا۔ آج یہ تحریک انتقاضہ کا برابر آگے بڑھ رہی ہے، اسرائیل لیے چیلنج کی حثیت اختیار کرتی جارہی ہے۔ اسی طرح روس کے اندر وسطِ ایشامیں مسلمان اساتذہ نے اپنی قوموں کی اسلامی تعلیم دے کر بیدار کر دیا ہے۔ اب

روس کا جغرافیہ سکڑ کر تبدیل ہوتا جارہا ہے۔

انہی بہادر افغانوں کو دیکھ کر مظلوم کشمیری مسلمانوں کے جذبہ کی حریت کو بھی مہمیز لگی۔ انہوں نے ظالم بھارت کے خلاف علم جہاد بلند کیا، کشمیری مجاہدین کے قائدین بھی وہاں کے مُتدیّن اور خدا ترس استاد ہی ہیں جو مدتوں سے کشمیری مسلمانوں کو ایمانی قوتوں سے سرشار کر رہے تھے۔ اور جذبہ حریت ان میں بیدار کر رہے تھے۔ آج پوری دادی کشمیر مجاہدین کے خون سے لالہ زار ہے۔ ان شاء اللہ عنقریب کشمیر ان دیندار اساتذہ قائدین کی سرکردگی میں آزاد ہو کر رہے گا۔ اب پاکستانی اساتذ کو چلنج در پیش ہے۔ پاکستان جو اسلام کا قلعہ ہے جو لا الہا الا اللہ کے نام پر وجود میں آیا ہے پورے ۵۱ برس گزرنے کے باوجود یہاں اسلامی قانون نافذ نہیں ہو سکا، ہنوز فرنگی قانون نافذ ہے، اسلامی اخلاقی قدریں معاشرہ سے ناپید ہوتی جارہی ہیں۔ علمی اخلاقی زوال قوم کو مادی لحاظ سے بھی نقصان پہنچارہا ہے۔

آج پڑھا لکھا با اختیار طبقہ جو ایمان اور نظریاتی لحاظ سے تہی دامن ہے۔ پاکستان کی جڑوں کو کھوکلا کر رہا ہے۔ یہ سب کچھ پاکستان کے اساتذہ کے لئے ایک حقیقی چیلنج ہے کیا پاکستانی اساتذہ دور حاضر کے اس چلنج کو قبول کرتے ہیں اور ملک سے غیر اسلامی نظام اور غیر اسلامی قانون ختم کر دانے اور اسلامی و اخلاقی اقدار رائج کرنے کا بیڑہ اٹھاتے ہیں۔ ان تمام معاملات میں اساتذہ کو اپنی ذمہ داریوں کا تعین کرنا ہو گا اور اس کے مطابق اپنے فرائض کو پوری ذمہ داری سے ادا کرنا ہو گا۔ یہ ایمان کا تقاضہ ہے، حبّالوطنی کا تقاضا ہے۔ پر وقار پیشے کے تقدس و احترام کا تقاضا ہے اور عصر حاضر کی ایک اہم ضرورت ہے۔ خواتین کو بھی اپنے میک اپ اور آرائش و زیبائش چھوڑ کو پر وقار سادگی کے ساتھ تعلیمی اداروں میں آنا جاہئے۔ تا کہ نوخیز بچیوں کا ذہن صرف اسی زیب و زینت میں الجھ

کر نہ رہ جائے۔ بلکہ مسلمان استاد ان کو حدود ستر و حجاب سے آشنا کرائیں اور اپنے عملی نمونے سے قرآنی احکامات کی اہمیت اپنی طالبات کے ذہنوں میں راسخ کریں۔ یہ ایمان کا تقاضا ہے۔ اور اپنے پر وقار پیشے کے تقدس کا بھی تقاضا بگڑتی ہوئی صورتِ حال کے لئے اصلاحِ احوال کا تقاضا ہے۔ اے اللہ ہم اساتذہ کو اپنی ذمہ داریاں بطریق احسن ادا کرنے کی توفیق عطا فرما۔

﴿رَبَّنَا آتِنَا مِن لَّدُنكَ رَحْمَةً وَهَيِّئْ لَنَا مِنْ أَمْرِنَا رَشَدًا ﴿١٠﴾... سورۃ الکہف

"اے پروردگار ہم پر اپنی رحمت نازل فرما اور ہمیں رشدہ وہدایت عطا فرما

***

۵

حکمت و اعتدال

(جس سے بے اعتنائی برتنے پر، اُمت باہمی خلفشار کا شکار ہے!)

عبدالجبار سلفی

حضرت معاذ رضی اللہ تعالیٰ عنہ بن جبل، حسن وجمال، بذل وعطاء، جود وسخا، مہر ووفا، احسان ومروت، شجاعت وفتوت جیسے اوصاف میں یگانہ روگار تھے۔ سخی اتنے کہ سائل کو خالی نہ جانے دیتے اگرچہ قرض ہی کیوں نہ لینا پڑے، کثرت سخاوت کے باعث آپ مقروض ہوگئے۔ قرض خواہوں کے شدید تقاضوں پر حضرت رسول کریم صلی اللہ علیہ وسلم نے ان کا مکان اوراثاثہ نیلام کر کے ان کا قرض ادا کیا۔ چنانچہ حضرت معاذ رضی اللہ تعالیٰ عنہ اس حال میں اُٹھے کہ تن کے کپڑوں کے سوا کوئی چیز نہ بچی!!

آنحضرت صلی اللہ علیہ وسلم ان کے حال پر شدید دل گرفتہ اور رنجیدہ ہوئے اور ان کو یمن کا گورنر مقرر کر دیا اور ہدیہ قبول کرنے کی خصوصی اجازت مرحمت فرمائی اور ان کو ایسی نصیحتیں کیں جو تمام امت کے سربر آوردہ لوگوں کے لیے مشعل راہ ہیں۔ گویا آپ صلی اللہ علیہ وسلم، حضرت معاذ رضی اللہ تعالیٰ عنہ کو زندگی کی آخری وصیتیں کر رہے تھے، آپ صلی اللہ علیہ وسلم نے فرمایا:

"اے معاذ رضی اللہ تعالیٰ عنہ! تو اہل کتاب کے ہاں جا رہا ہے اور وہ تجھے جنت کی چابیوں کے متعلق پوچھیں گے تو انہیں بتانا کہ لا الہ الا اللہ جنت کی چابی ہے۔ یہ ایسا بابرکت اور پر تاثیر کلام ہے جو ہر چیز کو چیرتا ہوا عرش الٰہی پر پہنچتا ہے اور کوئی چیز اس کے سامنے رکاوٹ نہیں بنتی۔ جو کوئی انسان کو شرک سے بچا کر لے آئے گا یہ روز قیامت اس کے سبب گناہوں پر بھاری ہو جائے گا۔"

اے معاذ رضی اللہ تعالیٰ عنہ! اللہ کے لیے مخلوق کے ساتھ تواضع وانکساری سے پیش آ، ایسا کرنے سے اللہ تجھے سربلندی عطا فرمائے گا۔ اور دنیا کو حقیر خیال کر، اللہ تجھے دانائی عطا فرمائے گا، کیونکہ جو کوئی اللہ کے لیے اس کی مخلوق کے ساتھ تواضع کرے گا اور دنیاوی طمطراق سے نفرت کرے گا، اللہ رب العزت اس کے دل کی جانب سے اس کی زبان پر دانائی کی آبشار رواں کر دے گا"

اے معاذ رضی اللہ تعالیٰ عنہ! بغیر تحقیق کے کوئی بات نہ کرنا اور غصہ سے بچے رہنا، اگر تجھ پر کوئی معاملہ مشکل ہو جائے تو کسی سے پوچھ لینا اور شرم نہ کرنا اور مشورہ کر لینا کیونکہ مشورہ لینے والا مدد کیا جاتا ہے اور مشورہ دینے والا امین خیال کیا جاتا ہے۔ اور پھر اجتہاد کرنا اگر اللہ تعالیٰ نے تجھ میں بھلائی معلوم کی تو صحیح سمت اختیار کرنے کی توفیق دے گا اور پھر بھی مشتبہ رہے تو رک جا، حتیٰ کہ معاملہ واضح ہو جائے یا میری طرف لکھنا"

جس جرم کی سزا کتاب اللہ اور میری سنت میں تجھے نہ ملے وہ اپنے ساتھیوں کے مشورہ کے بغیر مت دینا اور خواہش پرستی سے بچنا کیونکہ خواہش پرستی جہنمیوں کی راہبر ہے جو انہیں جہنم کی طرف لے جایا کرتی ہے۔ اور جب ان کے ہاں پہنچے تو ان میں کتاب اللہ قائم کر اور ان کو قرآن اور ادب سکھانا کیونکہ قرآن مجید ان کو حق اور اخلاق

جمیلہ اپنانے پر مجبور کرے گا۔

اور لوگوں سے ان کے مرتبے کے مطابق سلوک کرنا کیونکہ وہ حدود الٰہی کے سوا باقی اُمور میں برابر نہیں، نہ نیکی اور نہ بُرائی میں یعنی ہر دونوں خصلتوں میں وہ مختلف حیثیت رکھتے ہیں۔ ان سے سلوک بھی ان کے خیر وشر کے مطابق کرنا ہے۔

اور حکم الٰہی کے مقابلے میں کسی کی رورعایت نہ رکھنا اور ہر چھوٹے اور بڑے کے حق کو پہچاننا اور ان کی امانت ان کی طرف لوٹانا ہے۔ اور لاچار درماندہ سے ددرگزر کرنا اور نرمی لازم پکڑنا اور جب کوئی تیرے سامنے لاعلمی اور اپنی بے خبری کا عذر پیش کرے تو ان کے سامنے علانیہ مسئلہ بیان کرنا تاکہ وہ جان لیں اور ان سے کینہ نہ رکھنا۔

جاہلیت کے تمام رسم ورواج ختم کرنا الا یہ کہ وہ طور طریقہ جسے اسلام بھی اچھا سمجھتا ہو۔ اور ایسے اخلاق وخصائل کو اسلام پر پیش کرنا (جنھیں اسلام برا سمجھے اس سے نفرت کرنا) اور اسلامی آداب واخلاق کو دوسرے معیاروں پر پیش (کرکے رسوا) نہ کرنا اور لوگوں کو وعظ ونصیحت کی مجلسوں میں بیٹھنے کا عادی بنانا اور وعظ درمیانہ رکھنا۔

اور نماز! نماز کا حد درجہ خیال کرنا کیونکہ یہ نماز ہمارے دین کا ستون ہے، اسے تمام کاموں اور مصروفیتوں پر ترجیح دینا اور لوگوں سے ان کے فرائض کی ادائیگی میں نرمی برتنا اور انہیں آزمائش میں نہ ڈالنا۔

اور ہر نماز کے وقت پر غور کرنا، جو وقت نمازیوں کے لیے موزوں ہو اس پر انہیں نماز پڑھانا۔ وقت تین ہیں: اول، اوسط، آخر۔ سردیوں میں نماز فجر غلس (اندھیرے) میں پڑھنا اور قراءت بقدر استطاعت لمبی کرنا، مبادا کہ نمازی اکتانہ جائیں اور اللہ کے دین کو تکلیف وہ سمجھنا شروع کریں۔

سردیوں میں نماز ظہر سورج ڈھلتے ہی پڑھنا اور عصر کی نماز بھی اول وقت ادا

کرنا، جب کہ سورج بلند بہت روشن ہو اور مغرب کی نماز اس وقت ادا کرنا جب سورج کی ٹکیہ غروب ہو جائے، سرگرمیوں اور سردیوں میں مغرب کی نماز کا یہی وقت ہے۔ الا یہ کہ کوئی عذر پیش آجائے اور عشاء کی نماز سردیوں میں قدرے تاخیر سے ادا کرنا کیونکہ رات طویل ہوتی ہے۔ الا یہ کہ کوئی وقت نمازیوں کے لیے موزوں ہو۔ اور گرمیوں میں فجر کی نماز اسفار (روشنی کے دھندلکے) میں ادا کرنا کیونکہ رات چھوٹی ہوتی ہے ایسا کرنے سے سونے والے جماعت پاسکتے ہیں۔ اور ظہر کی نماز اس وقت ادا کرنا جب سایہ لمبا ہو جائے اور ہوائیں ٹھنڈی پڑ جائیں اور نماز عصر درمیانے وقت ادا کریں اور مغرب جب ٹکیہ غائب ہو اور عشاء کی اس وقت جب سرخی غائب ہو جائے، الا یہ کہ کوئی دوسرا وقت نمازیوں کے لیے زیادہ موزوں ہو۔

اور لوگوں کو وعظ وارشاد کا عادی بنانا اور وقتاً فوقتاً وعظ سناتے رہنا کیونکہ یہ عمل لوگوں کے دلوں میں محبت الٰہی پیدا کرتا اور عاملین کو عمل پر قوت بخشتا ہے اور اللہ کے معاملے میں کسی طعنہ وملامت کی پروانہ کرنا اور اس اللہ سے ڈرنا جس کی طرف تونے لوٹنا ہے اور اس کے سامنے پیش ہونا ہے۔

اے معاذ رضی اللہ تعالیٰ عنہ ! مجھے تیرے قرض کا معاملہ خوب معلوم ہے اور تیرے مال کا بھی جو اس کی ادائیگی میں ڈوب گیا، میں تجھے ہدیہ قبول کرنے کی رخصت دیتا ہوں اگر کوئی تجھے کوئی چیز دے دے تو قبول کرلینا۔ (ابن عساکر / ابو نعیم بحوالہ کنزالعمال مع مسند احمد۔ صفحہ ۱۹۲۔ جلد ۴)

***

٦

اسلام اور بنیادی انسانی حقوق

خورشید احمد

اسے ذہنی مرعوبیت کہیے، احساس کمتری سمجھیے یا فیشن کا نام دے لیجے ------ بہر حال ہمارے ہاں یہ روِش ایک عرصے سے چل نکلی ہے کہ کوئی مسئلہ ہو، اصطلاح ہو، یا کوئی حوالہ اور جملہ، جو مغرب سے ہمارے ہاں پہنچے، ہم اسے فوراً حرزِ جاں اور وِردِ زبان بنالیتے ہیں۔ اور یوں محسوس کرتے ہیں کہ گویا یہ ایک الہام ہے، جسے نقل کرنا، جس کی پیروی کرنا اور جسے عام کرنا ہمارے بنیادی فرائض میں شامل ہے---

اس کے باوجود ہم سینہ پھلا کر کہتے ہیں کہ ہم آزاد ہیں ! ۴۷ء کے بعد صرف ہمارے حکمران بدلے ہیں، اذہان میں کوئی تبدیلی واقع نہیں ہوئی،----

ہمارے بالائی طبقوں اور لٹریری حلقوں کے مزاج ونفسیات پر آج بھی پوری طرح مغرب چھایا ہوا ہے۔ ہمارا رولنگ گلاس بین الاقوامی مارکیٹ میں مغربی مفادات کی دلالی، بالائی طبقہ یورپی فیشن کی نقالی، اور لٹریری سرکل مغربی خیالات کی جگالی کرتا ہے۔ آخری حلقے، یعنی دانشوروں میں بہت کم ایسے لوگ ہیں جو فکری طور پر اقبال" کی طرح اپنے دینی ورثے، تاریخی اثاثے اور تہذیبی سرمائے پر فخر کرتے ہوں---

ہمارا یہ رویہ بہر حال قابلِ رشک اوراعتماد افزا نہیں ہے!

مغرب نے ریاست اور کلیسا کو الگ کیا تو ہم نے فوراً دین اور سیاست کی جدائی کاراگ اپنانا شروع کر دیا، مغرب نے آزادی نسواں کی بات کی تو ہم نے بلا توقف اپنے تہذیبی وخاندانی ڈھانچے پر تیشہ چلانا شروع کر دیا، مغرب نے سودی معیشت کو فروغ دیا توہم نے قرآن وحدیث سے ایسی معیشت کے حق میں دلائل فراہم کرنے شروع کر دیئے، مغرب نے اخلاق واقدار کے نئے پیمانے گھڑے توہم فی الفور اپنی اخلاقیات کے سانچے توڑنے پر آگئے، حدیہ کہ الفاظ ومحاورات اور اصطلاحات تک کے لیے ہم مغرب کے ذہنی گداگر بن گئے، مثال کے طورپر مشہور فرانسیسی مفکر روسو نے اپنی شہر آفاق کتاب "سوشل کنٹریکٹ،، یعنی "معاہدہ عمرانی،، میں ایک جملہ لکھا:

"انسان آزاد پیدا ہوا تھا مگر وہ ہر جگہ زنجیروں میں جکڑا ہوا ہے،،۔

بس یہ فقرہ ہمارے اربابِ دانش اورروشن خیال لوگوں کے لیے ایک الہامی کلام بن گیا، نہ جانے یہ جملہ کتنی بار کہاں نقل کیا گیا، اسے مجموعہ اقوال زریں میں سرفہرست رکھا گیا، اس ایک فقرے سے کتنی تحریروں کا آغاز کیا گیا، اور کتنی تنظیموں نے اسے اپنا "ماٹو،، قرار دیا۔ یہ جملہ ۱۷۵۰ء میں روسو کی زبان اور قلم سے نکلا، لیکن جدید مفکرین کو یہ خیال نہ آیا، کہ اس سے کہیں زیادہ بلیغ، فصیح اور پر اثر جملہ روسو سے تقریباً گیارہ سوسال قبل ۶۴۱ء کے لگ بھگ امیر المؤمنین حضرت عمر فاروق نے اس وقت ادا کیا تھا، جس مصر کے گورنر حضرت عمرو بن العاص کے بیٹے نے ایک بار ایک قبطی کو بلا وجہ مارا تھا، تو آپ نے گورنر کے بیٹے کو سر عام کوڑے لگوانے اور ساتھ ہی گورنر کو غضب آلود نگاہوں سے دیکھتے ہوئے فرمایا:

" متی استعبلتم الناس وقد ولدتهم امهاتهم احرارا"

" تم نے کب سے لوگوں کو اپنا غلام بنانا شروع کیا ہے جبکہ ان کی ماؤں نے انہیں آزاد جنا تھا؟،،

مجال ہے ہمارے "روشن خیال،، دانشوروں نے کسی بھی جگہ یہ جملہ نقل کیا ہو، بس ہر جگہ روسو کے کے جملے دھوم مچی ہوئی نظر آتی ہے، ہمیں روسو سے کوئی کدورت نہیں لیکن اس کا یہ جملہ بذاتِ خود حضرت عمر کے ارشاد کا چربہ، بلکہ سو فیصد ترجمہ ہے، کوئی انوکھا اور تخلیقی فقرہ نہیں، یہ مثال محض یہ واضح کرنے کے لیے دی گئی ہے کہ ہم ہر واقعے کو مغرب کی آنکھ سے دیکھتے، ہر خیال کو مغرب کے دماغ سے سوچتے، ہر جملے کو مغرب کے کان سے سنتے اور ہر حرف ولفظ کو مغرب کی زبان سے بولتے اور قلم سے نقل کرتے ہیں۔

چنانچہ آج جو پوری دنیا میں بنیادی انسانی حقوق کا چرچا ہے، ہم ان حقوق کا پہلی بار شعور حاصل کرنے، پھر اس شعور کو عام کرنے اور ان کی بنیادی دستاویز لکھنے اور ان کی حفاظت اور نگہبانی کا سارا خراج مغرب کو دیتے ہیں، گویا مغربی تہذیب کے فروغ اور غلبے سے پہلے اس روئے زمین پر نہ کوئی انسان رہتا تھا اور نہ اس کے کوئی حقوق تھے۔ ہاں، ان حقوق کے علم وادراک اور ترتیب وشعور تو بعد کی بات ہے۔

اگر ہم ردسو، ہیگل، کانٹ، نیٹشے، رسکن، سپنگلر، فرائڈ وغیرہ کے بھاری بھر کم نام لے کر لوگون پر رعب جمانے کی بجائے سنجیدگی اور متانت سے قرآن حکیم اور سیرتِ نبوی ﷺ کا مطالعہ کرتے، تو وہ سب کچھ آج ہمارے کاسہ ودماغ اور دامن فکر میں ہوتا جو ہم بھیک کے طور پر مغرب سے مانگتے ہوئے نظر آتے ہیں،،

اصولاً اور عملاً اسلام اور اہل اسلام بنیادی انسانی حقوق کے شروع دن سے نہ صرف علمبردار، بلکہ محافظ رہے ہیں۔ لیکن آج ان حقوق کی جملہ اجارہ داری مغرب کے نام لکھی

جا چکی ہے، اور مغرب اس مسئلے کو ہر اس قوم اور ملک کے خلاف ہتھیار کے طور پر استعمال کرتا ہے، جہاں اس کے سیاسی اور معاشی مفادات خطرے میں ہوں۔

اگر کسی جگہ ایسا نہ ہو تو اس کے نزدیک کہاں کے انسان، اور کہاں کے حقوق؟ راوی ہر طرف چین ہی چین لکھتا ہے۔ خطہ فلسطین ہو یا وادی کشمیر، شیشان کے پہاڑ ہوں یا بوسنیا کا برف پوش علاقہ، وہاں مغرب کا نیا چہرہ سامنے آتا ہے۔

مغرب کے اسی فکری و عملی تضاد کے باعث بنیادی انسانی حقوق کا شور اور چرچا جس قدر بڑھ رہا ہے، ان حقوق کی پامالی بھی اسی رفتار سے روز افزوں ہے۔ اس کا جوہری سبب اس قوتِ نافذہ کی کمی اور شعور کے نہج کا فقدان ہے، جو انسان کے بنیادی حقوق کی حفاظت یقینی بنا سکتا ہے۔

ہم یہ سمجھتے ہیں کہ جس زمانے میں یورپ انسان اور حیوان کے فرق سے نا آشنا تھا، یورپ میں با قاعدہ اکھاڑے لگتے تھے اور زندہ انسانوں پر بھوکے درندے چھوڑے جاتے تھے، بات بات پر زبان تالو سے کھینچی جاتی تھی، ہتھوڑوں سے انسانی جبڑے توڑے جاتے تھے، انسانی جسم پر تارکول مل کر اسے آگ دکھائی جاتی تھی، اور انسان کو سزا کے طور پر برف زاروں میں منجمد کر دیا جاتا تھا، اسی زمانے میں اسلام نے بنیادی انسانی حقوق کا نہ صرف تصور دیا، بلکہ اسے ایک الٰہی اور الہامی ضابطے کے طور پر پیش کیا، اور پہلی بار رعایا اور حاکم کے بنیادی حقوق کے درمیان فرق کو عملاً منسوخ کر دیا۔ (وَلَقَد کَرَّمنَا بَنِیِ آدَمَ) (اور بلاشبہ ہم نے انسان کو تکریم بخشی) نیز ﴿لقد خلقنا الانسان فی احسن تقویم﴾ (بے شک ہم نے انسان کو بہترین قالب میں ڈھالا، جیسے انقلابی اور انسانیت نواز افکار سے روشناس کرایا۔

مغرب کے ہاں بنیادی انسانی حقوق کا سارے کا سارا سرمایہ اور ماخذ و سر چشمہ کنگ

جان کاوہ " میگنا کارٹا،، ہے، جسے والٹیر نے حالات کے خاص پس منظر میں " منشورآزادی،، قرار دیا۔ اورواقعہ یہ ہے کہ جو کچھ عہدِ تاریک میں برطانیہ، فرانس، جرمنی وغیرہ مغربی ممالک میں انسانوں کے ساتھ سیاسی وسماجی اور معاشی سلوک ہوتا رہا اس اعتبار سے اس " میگنا کارٹا،، کے بہت بڑی اہمیت ہے، اوراہل اسلام اس کے قطعاً منکر نہیں - !

اگرچہ " میگنا کارٹا،، کے مندرجات میں عوام کے حقوق کاواضح شعور اور تحفظ موجود نہیں،

بلکہ اس دستاویز کی حیثیت دراصل یورپی امراء (Barons) اوربادشاہ کے درمیان ایک بقائے باہمی کے معاہدے کی ہے، پھر بھی حبس کے ماحول میں اسے بادِ بہاری کا جھونکا نہ سہی، لُو کا تھپیڑا قرار دیا جا سکتا ہے، جس سے گھٹن میں، خاصی کمی آئی۔ یہ میگنا کارٹا ۱۲۱۵ء کو جاری ہوا، اس کے بعد اہل مغرب نے بڑے وقفے کے بعد ایک سماجی زقند لگائی اورٹا پین (Tom Paine) نے ایک پمفلٹ (حقوق انسانی) کے نام سے شائع کیا۔ اس پمفلٹ نے بہر حال مغربی دنیا کے جمود زدہ ماحول میں زبردست اورتعاش پیدا کیا، یہ ۱۷۳۷ء سے ۱۸۰۹ء کے درمیانی عرصے کی بات ہے۔

اگلے مرحلے میں انقلابِ فرانس کے بطن سے انسانی حقوق کا شعور جنم لیتا ہے اور منشورِ حقوق انسانی،، نام کی دستاویز ۱۷۸۹ء میں اشاعت پذیر ہوتی ہے۔ اس دستاویز کی ترتیب کی محرک روسو کا " معاہدہ عمرانی،، بنا، جس کے ذریعے حقوق انسانی کاشعور نسبتاًزیادہ واضح شکل میں سامنے آیا!۔

سماجی تاریخ نے اپنا سفر جاری رکھتے ہوئے بالآخر ۱۹۴۸ء میں وہ چارٹر دنیا کو دیا، جسے آج حقوقِ انسانی کی مستند، مفصل، جامع اورواضح دستاویز کادرجہ حاصل ہے۔ یہ دستاویز

اقوام متحدہ کے ذریعے سامنے آئی، بلاشبہ یہ دستاویز بہت اہم اور دوررَس ہے، اور عصر حاضر میں بنیادی انسانی حقوق اجاگر کرنے میں اس کا مثبت کردار ہے۔

یہ دستاویز تین دفعات پر مشتمل ہے۔ یہاں مقصود ہر دفعہ کی تنقیح اور تائید وتردید نہیں، تاہم قابل ذکر نکات یہ ہیں :

☆ ہر انسان کا وقار و حقوق میں مساوی حیثیت کا حامل ہونا۔

☆ نسل، رنگ، زبان، وطن، جنس اور مذہب کے حوالے سے ہر نوع کے امتیازی کی نفی۔

☆ غلامی کا خاتمہ۔

☆ زندہ اور آزاد رہنے کا حق۔

☆ قانون کی نظر میں مساوات۔

☆ نجی اور گھریلو زندگی کی ضمانت۔

☆ حصول شہریت کا حق۔

☆ عائلی زندگی کی آزادی۔

☆ جائیداد کا تحفظ۔

☆ اظہارِ رائے اور عقیدے کی آزادی۔

☆ اجتماع اور تنظیم کا حق۔

☆ ثبوتِ جرم کے بغیر سزا کی نفی۔

☆ نقل مکانی کی اجازت۔

☆ ٹریڈ یونین ازم وغیرہ۔

اس قدر جامع اور مفصل دستاویز اور اس پر درجنوں ممالک کے دستخط ہونے

کے باوجود برسوں کا مشاہدہ یہ بتایا ہے کہ اقوام متحدہ کا چارٹر وہ مقاصد حاصل نہیں کرسکا، جو اسے مطلوب تھے !، اس کے کیا اسباب ہیں ؟ یہ ہم آگے چل کر بتائیں گے اس موقع پر ایک نظر اسلام عطا کردہ بنیادی انسانی حقوق پر ڈالی جائے، آج جس اسلام کو سب سے زیادہ "رجعت پسند،، اور "جنگ جو،، ثابت کیا جارہا ہے کہ، اس اسلام اور پیغمبر اسلام ﷺ اور صحیفہ اسلام (قرآن مجید) نے سب سے پہلے بڑی صراحت سے اور وضاحت کے ساتھ ان حقوق کا ذکر کیا۔ ان کا جامع تصور دیا، اور انہیں نافذ کر کے دکھایا۔!

یہ بات ذہن میں رہے کہ یہ حق اس وقت دنیا کو عطا ہوئے، جب یورپ تو مکمل اندھیرے میں تھا ہی، ایران وروم جیسی روشن خیال ریاستیں بھی ان حقوق سے ناآشنا محض تھیں۔ بلکہ ان کے ہاں انسان مستقل طور پر تین خانوں میں بٹے ہوئے تھے: اعلیٰ، اوسط اور ادنیٰ! اعلی درجے کے لوگ شاہی خاندان کے افراد تھے، متوسط طبقہ امراء کا تھا، اور ادنیٰ مخلوق کا نام رعایا تھا! شاہی خاندان خدائی تحفظات رکھتا تھا، امراء کے لیے بے پناہ مراعات تھیں، اور رعایا کے مقسوم میں کوڑے تھے یا رسوائی، توہین، ذلت، غلامی او رتعزیر !

اسلام کے دیئے ہوئے بنیادی انسانی حقوق کا تصور اور خاکہ قرآن وسنت دونوں میں موجود ہے، ان دونوں سرچشموں میں اتنی صراحت اور تفصیل ہے کہ جب ہم واقوام متحدہ کا چارٹر پڑھتے ہیں، تو وہ قرآن وحدیث کا ترجمہ معلوم ہوتا ہے۔ یا اگر کوئی اسے زیادہ ہی " مذہبی عقیدت،، اور " دینی جوش،، کا نام دے، توکم از کم ادبی زبان میں اسے "توارد،، ضرور کہا جاسکتا ہے یعنی ایک ہی خیال کا وہ مختلف مصادر سے ابھرنا۔

ویسے بھی یہ کیوں کر ممکن ہے کہ اسلام ایک منظم ریاست تشکیل دے، عدل وتقویٰ پر اسے استوار کرے، اور اجتماعی فلاح کے حوالے سے اپنا نظام چلائے اور پھر

انسان کے بنیادی حقوق سے صرفِ نظر کرے؟ چنانچہ اسلام نے ایسا نہیں کیا! بہت سی تفصیلات سے گریز کرتے ہوئے ہم ان بنیادی حقوق کا تذکرہ کرتے ہیں جو قرآن مجید میں موجود ہیں اور نصِ قطعی کا درجہ رکھتے ہیں۔ پھر جن آیات میں ان حقوق کا ذکر ہے، کسی مفسر کے استنباط کا نتیجہ نہیں، بلکہ صریحاً وہ حقوق موجود ہیں جن کا تحفظ مطلوب ہے۔ رازی و زمخشری کو درمیان میں لائے بغیر ہر وہ شخص جو محض قرآن مجید کو ناظرہ پڑھ اور اس کا ترجمہ دیکھ سکتا ہے، خود ہی اس نتیجے پر پہنچے گا کہ یہ آیات محض وعظ و تلقین اور حصولِ ثواب کے لیے نہیں اتریں، بلکہ ان کا ماحصل اور مدعا انسان کو اس کے بنیادی حقوق سے آگاہ کرنا اور ریاست کو ان حقوق کی ادائیگی کا پابند بنانا ہے۔

تحفظِ جان

" جس نے کسی انسان کو خون کے بدلے (یعنی قصاص) یا زمین میں فساد پھیلانے کے سوا کسی اور وجہ سے قتل کیا، اس نے گویا تمام انسانوں کو قتل کیا۔ اور جس نے کسی کی جان بچائی، اس نے گویا تمام انسانوں کی زندگی بچالی،،۔ (المائدہ: ۳۲)

علاوہ ازیں بھی قرآن مجید میں بہت سی ایسی آیات موجود ہیں، جن میں قتل و ہلاکت کی ہر شکل کو ناجائز قرار دیا گیا۔!

تحفظ ملکیت

" اور تم باطل طریقے سے ایک دوسرے کا مال نہ کھاؤ،، (البقرہ: ۱۸۸)

تحفظِ ناموس

" اے نبی ﷺ، مومن مردوں سے کہیے کہ اپنی نظریں بچا کر رکھیں اور اپنی شرمگاہوں کی حفاظت کریں۔ اور مومن عورتوں سے کہہ دیجئے کہ وہ اپنی نظریں بچا کر رکھیں اور اپنی شرمگاہوں کی حفاظت کریں،، (النور: ۳۰،۳۱)

تحفظِ چہاردیواری

" اے لوگو! جو ایمان لائے ہو اپنے گھروں کے سوا دوسرے گھروں میں داخل نہ ہوا کرو، جب تک کہ گھر والوں کی رضا نہ لے لو اور گھر والوں پر سلام نہ بھیج لو،،۔(النور: ۲۷)

شخصی آزادی

" کسی کو یہ زیب نہیں دیتا کہ اللہ تعالیٰ تو اس کو کتاب اور حکم اور نبوت عطا فرمائے اور وہ لوگوں سے یہ کہے کہ اللہ کے بجائے تم میرے غلام بن جاؤ،،۔(آل عمران:۷۹)

تحفظِ عقیدہ وضمیر

" دین کے معاملے مین کوئی جبر نہیں، صحیح اور غلط کی چھانٹی کر دی گئی ہے،،(البقرہ :۲۵۴)

حقِ مساوات

" اے لوگو! ہم نے تمہیں ایک مرد اور ایک عورت سے پیدا کیا اور تمہاری قومیں اور برادریاں بنادیں، تاکہ تم ایک دوسرے کو پہچانو ---- اللہ کے نزدیک معزز صرف پرہیز گار ہیں،،(الحجرات:۱۳)

حصولِ انصاف

" اور مجھے حکم دیا گیا ہے کہ میں تمہارے درمیان عدل قائم کروں،،(الشوریٰ :۱۵)

تحفظِ حاصل محنت

" انسان کے لیے کچھ نہیں، مگر وہ جس کی اس نے سعی کی،،(النجم:۳۹)

سیاسی زندگی میں شرکت کا حق

"اور مسلمانوں کا کام آپس میں مشورے سے چلنا ہے،،(الشوریٰ : ۳۸)

تنظیم واجتماع کا حق

" تم میں ایک گروہ ضرور ایسا ہونا چاہیے جو نیکی کی طرف بلائے، بھلائی کا حکم دے اور برائی سے روکے،،(آل عمران:۱۰۴)

کفالت کا حق

" اوران کے مال میں سائل اور محروم کا ایک حق مقرر ہے،،(الزاریات : ۱۹)

آزادی تقریر و تحریر

" اگر تم نے لگی لپٹی بات کہی یا سچائی سے پہلو بچایا، تو جان لو جو کہ کچھ تم کرتے ہو، اللہ کو اس کی خبر ہے،،(النساء:۱۳۵)

ثبوت کے بغیر مؤاخذے سے تحفظ کا حق

"بدگمانی کرنے سے بچو، بعض گمان بجائے خود گناہ ہیں اور خواہ مخواہ تجسس نہ کرو،،(الحجرات:۴۹)

مذہبی ودل آزادی سے تحفظ

" ان کو بُرا بھلا نہ کہو، جنہیں یہ لوگ اللہ کے سوا پکارتے ہیں۔ پس وہ جہالت کے باعث اللہ کو برا بھلا کہیں گے،،(الانعام:۱۰۹)

ان تصریحات کے بعد یہ کہنے کی کیا گنجائش باقی رہ جاتی ہے کہ الہامی مذاہب پوجا پاٹ، رسوم وشعائر اور عبادت وریاضت کے طریقے بتاتے ہیں، جبکہ امورِ دنیا کی ادائیگی کے لیے انسان خود ہی ضابطہ کار طے کریں۔ نیز مذہب اللہ اور بندے کے درمیان پرائیویٹ تعلق کا نام ہے، اس کا معاشرتی زندگی، امور ریاست اور سیاست سے کیا واسطہ ؟

مغرب نے انسانی حقوق کے حوالے سے جتنا بھی سفر کیا ہے، وہ اس لیے رائیگاں

جارہا ہے کہ اس نے انسان کے حقوق واضح تو کر دیے، مگر انہیں دوسروں پر عائد اور نافذ کون کرے؟ یہاں ایک بہت بڑا خلا ہے، جسے کم از کم موجودہ سیکولر اور خودسَر مغرب پورا نہیں کر سکتا۔

وہ یہ کہ انسان کبھی اپنے جیسے انسان کے حقوق کی نگہبانی نہیں کر سکتا، اس لیے کہ قدم قدم پر انسانی مفادات ٹکراتے ہیں ------ غلاموں کے جو مفادات اور حقوق ہیں، وہ آقاؤں کے خلاف جاتے ہیں، آقا کیوں کر ان کا لحاظ کرے گا؟ نسلی تفاخر میں مبتلا قومیں کیسے دوسری قوموں کے بنیادی حقوق کی پاسداری کر سکتی ہیں؟ ------- مغرب والے، جنھوں نے صدہا سال تک اہل مشرق کو غلام بنائے رکھا، وہ انہیں بنیادی حقوق کس خوشی میں دیں گے؟ ------- سرمایہ دار اسی طرح اپنے مزدور اور جاگیر دار اپنے مزارع کے بنیادی حقوق کس طرح تسلیم کر سکتا ہے۔؟

ان بنیادی انسانی حقوق کی ضمانت صرف وہ دین، مذہب یا ضابطہ حیات دے سکتا ہے، جو اپنے پیروکاروں کی جماعت ان خطوط پر استوار کرتا ہے کہ اس زندگی کے بعد ایک دوسری زندگی بھی ہے۔ اور آنے والی زندگی میں موجودہ زندگی کے ہر عمل کا حساب لیا جائے گا --------- انسان اپنی حیات اور موت کا مالک و مختار نہیں، بلکہ اس کی زندگی اور موت ایک برتر ہستی یعنی اللہ تعالیٰ کے قبضہ قدرت میں ہے! اللہ نے انسان کو ایک ہی قالب میں ڈھالا لہذا نسل، وطن، رنگ، زبان جیسے اعتبارات بے معنی ہیں --- ---- چنانچہ کوئی انسان دوسرے انسان کا حاکم، مولا، کارساز، رازق، خالق، مالک نہیں، سبھی انسان اللہ کے بندے ہیں ---------- اسلام نے یہی تصورِ حیات اپنے ماننے والوں کو عطا کیا، چنانچہ جب اس نے بنیادی انسانی حقوق کا چارٹر مرتب کیا، تو یہ چارٹر فرد کا فرد کے درمیان، یا ریاست کا امراء کے درمیان، یا حکومت کا رعایا کے درمیان، اور

مختلف حکومتوں، ملکوں اور قوموں کا دوسری حکومتوں کے درمیان معاہدہ، نہیں بلکہ یہ الہیٰ حقوق ہیں جن پر عمل کرنا ہر انسان پر واجب ہے--------اس میں کسی شاہ و گدا کی اور پیغمبر و امتی کی تخصیص نہیں، اس تصورِ حقوق کے پس منظر میں صاف نظر آتا ہے کہ انسان اپنے جیسے انسان کے بنیادی حقوق کو تسلیم اور ادا نہیں کر رہا ہوتا، بلکہ وہ اللہ کے وہ حقوق پورے کر رہا ہوتا ہے، جو اللہ تعالیٰ کی طرف سے اپنے ہر بندے پر عائد کیے گئے ہیں۔

لیکن وہ معاشرہ جو اپنے امور زندگی میں خود مختاری کے شوق میں مبتلا ہو، جیسا کہ مغرب ہے، وہاں اور اس کی سفارشات کی بنا پر دوسرے معاشروں میں انسان کے بنیادی حقوق کاغذوں میں تو محفوظ رہ سکتے ہیں، کارگاہِ عمل میں ہرگز نہیں---------اور اسی کا نتیجہ آج ہم دیکھ رہے ہیں اہل مغرب اور مغرب کے '' فکری مرید،، یہ کہتے ہیں کہ جب کوئی بات یورپ سے اٹھتی ہے اس وقت اسلامی دانشوروں اور علماء کو یاد آتا ہے کہ قرآن میں تو یہ بات پہلے آچکی ہے---------اسلام تو اس کے بارے میں یہ ہدایت پہلے دے چکا ہے، اور سنت میں تو اس کا ذکر پہلے سے موجود ہے۔ یہ اعتراض کسی حد تک درست ہے، لیکن اتنا بھی نہیں کہ شرم کے مارے سر جھکا لیا جائے----!

بات یہ ہے کہ اہل اسلام مغرب کو پڑھا لکھا سمجھتے ہیں اور اس کی دیانت و امانت کے چرچے سے متاثر ہوتے ہیں۔ وہ یہ سمجھ لیتے ہیں کہ مغرب اسلامی تعلیمات، قرآنی احکام، اور دینی لٹریچر سے اتنا نابلد نہیں ہو گا، وہ یہ نہیں کرے گا کہ ایک بات واضح اور ظاہر ہے، پھر بھی ڈنڈی مارنے سے کام لے ------- لیکن جب مغرب اور اس کے ذہنی غلاموں کی تان اس پر آ کر ٹوٹتی ہے کہ مذہب چلا ہوا کارتوس ہے، دین از کارِ رفتہ چیز ہے، اسلام کو عصر حاضر کے مطابق ڈھالنے کی ضرورت ہے، زندگی کے تمام

شعبوں میں مغرب سے رہنمائی حاصل کرنی چاہیے وغیرہ تو پھر ضرورت پیش آجاتی ہے کہ ہر قدم پر انہیں بتلایا جائے کہ یہ بات جو تم کر رہے ہو، کوئی نئی اور انوکھی نہیں، بلکہ جگالی کر رہے ہو! یہ سب کچھ صدیوں پہلے ہو چکا ہے، یا تو تمہیں پتہ اب چلا ہے، یا پھر کتمانِ حق کا مظاہرہ کرتے ہو!

اوپر جن آیات کا حوالہ دیا گیا ہے، ظاہر ہے وہ سبھی قرآن مجید میں موجود ہیں، کسی اسلامی مفکر اور دینی عالم نے آج یا اس سے کچھ عرصہ پہلے قرآن مجید میں داخل نہیں کیں، ------- لیکن آج جو اقوام متحدہ کے چارٹر کو آسمانی صحیفہ اور الہامی دستاویز قرار دے کر پوری دنیا کو سر پر اٹھا لیا گیا ہے، تو ایسے موقع پر صورتِ واقعہ کو واضح کرنا ضروری ہوتا جاتا ہے۔ ان آیات کے علاوہ حضور ﷺ کا خطبہ حجۃ الوداع بنیادی انسانی حقوق کے حوالے سے حرفِ آخر کا درجہ رکھتا ہے، اب قیامت تک کوئی فلاسفر اور مفکر اس کی تشریح تو کر سکتا ہے، اس میں اضافہ ہرگز نہیں کر سکے گا۔!

آج مغرب کو جس دانش پر بڑا ناز ہے اور دانش کی اس ترنگ میں وہ ارادہ و شعور بخشنے والے خدا کو بھی بھول بیٹھا ہے، اسے معلوم ہونا چاہیے کہ اس کا صدیوں کا اجتماع شعور اب بھی اس امر کا محتاج ہے کہ وہ نبوت کے نور سے اَخذ فیض کرے ------ تبھی جوہرِ آدمیت کو آب، اور شعور انسانیت کو تاب نصیب ہو گی۔

***

۷

معرفت نفس کی حقیقت

غازی عزیز

"نفس" جمہور صوفیہ کے نزدیک منبع شر ہے تمام برے اعمال و افعال اسی سے ظہور پذیر ہوتے ہیں (۱) چنانچہ سلیمان دارانی کا قول ہے کہ "نفس امانت میں خیانت کرنے والا رضائے الٰہی کی طلب سے روکنے والا ہے" (۲) اسی لیے تہذیب نفس کہ جس کا مطالبہ راہ سلوک میں پہلا قدم رکھنے کے ساتھ ہی ہوتا ہے اور جو مجاہد کا اصل مقصود ہے سے قبل معرفت نفس ضروری ہے اس لحاظ سے معرفت نفس کو صوفیانہ زندگی کے نصاب العمل کی بنیادی کڑی سمجھا جاتا ہے معرفت نفس کے بعد مجاہدہ کے ذریعہ نفس کا تزکیہ کیا جاتا ہے اور اس تزکیہ سے مشاہدہ حق حاصل ہوتا ہے۔ جو کہ تصوف کی معراج ہے تزکیہ نفس کے لیے کیا جانے والا مجاہدہ مطالبات حیات کے خلاف سخت طرز عمل اختیار کرنے پر زور دیتا ہے تاکہ نفس کے اندر دنیاوہ چیزوں کی طرف رغبت پیدا ہونے کے امکان کا سد باب کیا جاسکے۔ اس رویہ کے پیچھے علماء تصوف کا یہ نظریہ کارفرما ہے کہ دنیاومافیہا سے مکمل بے تعلقی کے بغیر معرفت نفس کے بغیر معرفت حق تک رسائی ممکن نہیں چنانچہ اس اعلیٰ مقصد کے حصول کے لیے رعونت کبریائی اور غرور نفس کے دفعیہ کی خاطر حاصل ہونے والی نفس کشی کو سب سے افضل عمل قرار دیا گیا ہے چونکہ صوفیاء کے نزدیک مخالفت

نفس بلکہ فناء نفس ہی مقصود ہے لہٰذا تمام مرغوبات ومشتہیات بلکہ جائز خواہشات تک سے ان کا اجتناب لازم ہوا۔

بعض ارباب تصوف کے نزدیک ایک انسان کی حیات کا حقیقی مقصد بلکہ اس دنیا کو معرض وجود میں لانے کی حقیقی غرض وغایت یہ ہے کہ انسان اللہ عزوجل کی معرفت حاصل کرے۔ اسی لیے محی الدین ابن عربی اپنی تفسیر میں کہتے ہیں۔

من لم یعرف لم یعبد

"جس نے اللہ کو نہیں پہنچانا اس نے گویا عبادت ہی نہیں کی۔"(۳)

ارباب تصوف کے علاوہ فقہائے حنفیہ کے نزدیک بھی معرفت نفس کی کچھ کم اہمیت نہیں ہے چنانچہ بعض متاخرین نے اس موضوع پر مستقل رسائل مرتب کئے ہیں جیسا کہ آگے بیان کیا جائے گا اور مولانا اشرف علی تھانوی مرحوم تو معرفتنفس کے متعلق یہاں تک فرماتے ہیں۔

"اور امام ابو حنیفہ رحمۃ اللہ علیہ سے فقہ کی یہ تعریف منقول ہے۔

معرفۃ النفس ما لہا وما علیہا.

معرفت نفس کی اہمیت کے متعلق ایک زبان زد حدیث اس طرح بیان کی جاتی ہے۔

من عرف نفسہ فقد عرف ربہ

"جس نے اپنے آپ کو پہچان لیا اس نے اپنے رب کو پہچان لیا۔"

امام ابن تیمیہ رحمۃ اللہ علیہ اور علامہ صغانی رحمۃ اللہ علیہ فرماتے ہیں کہ "یہ موضوع ہے"(۵) امام نووی رحمۃ اللہ علیہ کا قول ہے کہ "یہ رسول اللہ صلی اللہ علیہ وسلم سے ثابت نہیں ہے ابو المظفر سمعانی "

القواطع في الكلام علي التحسين والتقبيح العقلي

"میں بیان کرتے ہیں "یہ مرفوعاً پہچانی نہیں جاتی "یہ یحییٰ بن معاذ الرازی کا قول

ہے۔ جبکہ علامہ محمد درویش حوت البیروتی رحمۃ اللہ علیہ علامہ سمعانی ونووی رحمہم اللہ کے اقوال نقل کرنے کے بعد فرماتے ہیں: "بعض لوگوں نے اس قول کو ابو سعید الحزار کی جانب اور بعض نے یحییٰ بن معاذ الرازی کی جانب منسوب کیا ہے "(٦)علامہ شیبانی اثری رحمۃ اللہ علیہ نے "تمییز الطیب من الحیث "میں علامہ سمعانی رحمۃ اللہ علیہ وامام نووی رحمۃ اللہ علیہ کے اقوال نقل کئے ہیں (٧)علامہ زرکشی رحمۃ اللہ علیہ نے اس کو "التذکرہ فی الاحادیث المشہرۃ "میں وارد کیا ہے اور اس کے تحت علامہ سمعانی کا قول نقل کیا ہے (٨)ملا طاہر پٹنی گجراتی حنفی رحمۃ اللہ علیہ نے "تذکرہ الموضوعات" میں امام ابن تیمیہ رحمۃ اللہ علیہ امام سخاوی رحمۃ اللہ علیہ اور امام نووی رحمۃ اللہ علیہ کے اقوال نقل کرنا کافی سمجھا ہے (٩)علامہ سمہودی رحمۃ اللہ علیہ نے "الغماز علی اللماز "میں صرف علامہ نووی رحمۃ اللہ علیہ کے قول کو نقل کرنے پر اکتفاء کیا ہے (١٠)علامہ جلال الدین سیوطی رحمۃ اللہ علیہ نے الدرر المنتشرۃ "میں علامہ زرکشی رحمۃ اللہ علیہ کی اتباع کی ہے (١١)اور اپنی دوسری کتاب "ذیل الموضوعات کی ایک فصل کہ جس میں امام نووی رحمۃ اللہ علیہ نے اپنے فتاویٰ وغیرہ میں جن احادیث کو باطل قرار دیا ہے کے تحت لکھتے ہیں۔

"(آں رحمہ اللہ سے)من عرف نفسہ فقد عرف ربہ ومن عرف ربہ کل لسانہ

کے متعلق سوال کیا گیا کہ کیا یہ حدیث ثابت ہے؟تو آپ نے جواب دیا:

ثابت نہیں ہے(١٢)

علامہ جلال الدین سیوطی رحمۃ اللہ علیہ نے اس زبان زد حدیث پر مستقل ایک لطیف رسالہ بعنوان

القول الاشبہ في حديث من عرف نفسہ فقد عرف ربہ

"لکھا تھا جو "الحادی الفتاوی " میں موجود ہے۔ اس رسالہ میں آں رحمہ اللہ فرماتے

ہیں۔" یہ حدیث صحیح نہیں ہے۔(۱۳) صاحب القاموس علامہ فیروز آبادی رحمۃ اللہ علیہ فرماتے ہیں۔

یہ احادیث نبوی میں سے نہیں ہے حالانکہ اکثر لوگ ایسی چیزوں کو نبی صلی اللہ علیہ وسلم کی حدیث بنا دیتے ہیں کہ جن کی اصل صحیح نہیں ہوتی۔ البتہ "اسرائیلیات" میں مروی ہے یا انسان اعرف نفسک تعرف ربک "(۱۴)

علامہ سخاوی رحمۃ اللہ علیہ المقاصد الحسنۃ" میں سمعانی و نووی رحمۃ اللہ علیہ کے اقوال نقل کرنے کے بعد فرماتے ہیں

"بعض لوگ اس حدیث کی تاویل میں کہتے ہیں کہ جس نے اپنے نفس کو حدوث کے ساتھ پہچانا اس نے اپنے رب کو قدوم کے ساتھ پہچانا، یا اسی طرح جس نے اپنے نفس کی فناء کو پہچانا اس نے رب کی بقاء کو پہچانا" (۱۵)

ملا علی قاری حنفی رحمۃ اللہ علیہ ابن تیمیہ رحمۃ اللہ علیہ سمعانی اور نووی رحمۃ اللہ علیہ کے اقوال نقل کرنے کے بعد تاویلاً فرماتے ہیں :

"لیکن اس کے معنی صحیح ہیں یعنی جس نے اپنے نفس کو باعتبار جہالت پہچان لیا اس نے اللہ کو باعتبار علم پہچان لیا یا جس نے اپنے نفس کی فناء کو پہچان لیا، اس نے اللہ کی بقاء کو پہچان لیا، جس نے اپنے عجز و ضعف کو پہچان لیا اس نے اللہ کی قدرت اور قوت کو پہچان لیا اور یہ بات قرآن سے بھی ثابت ہوتی ہے:

﴿وَمَن يَرْغَبُ عَن مِّلَّةِ إِبْرَاهِيمَ إِلَّا مَن سَفِهَ نَفْسَهُ ۚ ... ١٣٠﴾...البقرة

یعنی حضرت ابراہیم علیہ السلام کی ملت سے وہی انکار کر سکتا ہے جو اپنے نفس سے احمق ہو "یعنی اپنی جہالت کی بنا پر اللہ کو نہیں پہچانتا" (۱۷)

اور علامہ شیخ اسماعیل بن محمد عجلونی الجراحی رحمۃ اللہ علیہ نے امام ابن تیمیہ رحمۃ اللہ

علیہ امام نووی رحمۃ اللہ علیہ اور علامہ سمعانی رحمۃ اللہ علیہ کے اقوال نقل کرنے کے بعد استدراکا تحریر فرمایا ہے:

"ابن الفرس نے نووی رحمۃ اللہ علیہ کا قول نقل کرنے کے بعد بیان کیا ہے کہ کتب اس روایت سے بھری پڑی ہیں اس حدیث کا سیاق شیخ محی الدین ابن عربی وغیرہ نے نقل کیا ہے ہمارے استاد شیخ حجازی الواعظ جو الجامع الصغیر للسیوطی کے شارحین میں سے ہیں محی الدین ابن عربی کے متعلق فرماتے ہیں کہ ابن عربی حفاظ حدیث میں سے تھے۔ بعض دوسرے اصحاب نے ذکر کیا ہے کہ اس حدیث کے متعلق شیخ محی الدین ابن عربی کا قول ہے کہ یہ حدیث اگر بطریق روایت صحیح نہ ہو تو بھی ہمارے نزدیک طریک کشف صحت کی درجہ کو پہنچی ہوئی ہے۔۔۔ اور علامہ نجم کا قول ہے کہ مادروی رحمۃ اللہ علیہ کی کتاب "ادب الدین والدنیا" میں حضرت عائشہ صدیقہ رضی اللہ تعالیٰ عنہا سے ایک روایت اس طرح مذکور ہے:

سئل النبي صل الله عليه وسلم من اعرف الناس بربه؟قال اعرفهم بنفسه

"یعنی نبی صلی اللہ علیہ وسلم سے سوال کیا گیا کہ اپنے رب کو سب سے زیادہ پہچاننے والا کون ہے؟ تو آپ صلی اللہ علیہ وسلم نے فرمایا:" ان میں جو سب سے زیادہ اپنے نفس کو پہچانے والا ہو۔

مذکورہ بالا علماء و محققین کے اقوال آپ نے نلاحظہ فرمائے۔ علامہ سخاوی رحمۃ اللہ علیہ نے اس حدیث کی تاویل میں بعض لوگوں کے جو اقوال نقل کئے ہیں یا اسی طرح ملا علی قاری حنفی نے اس حدیث کو "صحیح المعنی" قرار دے کر اس کی طرح طرح تاویلات پیش کرنے کی کوشش کی ہے یا قرآن کریم کی ایک آیت سے اس پر استدلال بھی کیا ہے وہ کس درجہ عبث اور لایعنی ہے اس کا اندازہ ہر شخص بخوبی کر سکتا ہے لہٰذا ان صوفی منش

حضرات کے موقف کا بطلان کرنے کی چنداں حاجت نظر نہیں آتی۔ جہاں تک علامہ عجلونی رحمۃ اللہ علیہ کی "کشف الحفاء" کی منقولہ بالا عبارت کا تعلق ہے تو اس میں کئی امور انتہائی قابل گرفت ہیں مثال کے طور پر:

(۱) محی الدین ابن عربی وغیرہ کا اس حدیث کو اپنی کتب میں بار دینا یہ کوئی انوکھی یا نرالی بات نہیں ہے یہ یا اس جیسی ہزار ہا شطحیات ان کی و دیگر صوفیاء کی تصانیف میں جا بجا بکھری نظر آئیں گی اور کیا اس کا محض ان کی کتب میں بار پا جانا ہی اس کی صحت کی دلیل ہے؟

(۲) شیخ محی الدین ابن عربی کے متعلق شیخ حجازی الواعظ رحمۃ اللہ علیہ کا قول کہ وہ حفاظ حدیث میں سے تھے قطعی باطل اور خلاف واقعہ ہے۔ ایسا معلوم ہوتا ہے کہ شیخ موصوف نے ابن عربی کا بغور مطالعہ کیا ہے اور نہ ہی وہ حفاظ حدیث اور ان کی جہد و سعی کا خاطر خواہ علم رکھتے تھے مگر یہ اس کی تفصیل کا محل نہیں ہے۔

(۳) شیخ اکبر محی الدین ابن عربی کا بذریعہ کشف حدیث کی صحت بیان کرنا بھی تمام اصول شریعت کو برہم کر دینے کے لیے کافی ہے۔ جس طرح ایک پیغمبر کو بواسطہ جبریل علیہ السلام کلام الٰہی کی سماعت کا دعویٰ ہوتا ہے ٹھیک اسی طرح محی الدین ابن عربی کے نزدیک ایک عالم باطن کو" حدشیقلبی عن ربی "کا دعویٰ کرنے کا پورا اختیار ہوتا ہے۔ (۱۹)

حالانکہ جمہور علماء اسلام اس بات پر متفق ہیں کہ کسی فرد کے مکاشفات و منامات یا الھامات کو شرعی دلیل کے طور پر قبول کیا جا سکتا۔ اور نہ ہی ان سے شریعت مطہرہ کے احکام ثابت ہوتے ہیں چنانچہ علامہ عبد الرحمٰن بن یحییٰ المعلمی الیمانی رحمۃ اللہ علیہ وغیرہ فرماتے ہیں (۲۰)

"یہ شریعت اس بات کی متقاضی ہے کہ کشف دین میں صالح استناد نہ ہو۔"

اور خواب اور کشف وغیرہ سے احادیث کی تصحیح کے متعلق شارح ترمذی رحمۃ اللہ علیہ علامہ عبدالرحمٰن مبارکپوری رحمۃ اللہ علیہ فرماتے ہیں۔

"جس حدیث کی صحت کا علم نہ ہو وہ خواب میں آپ صلی اللہ علیہ وسلم کی تصحیح فرمانے یا کشف والہام کے ذریعہ صحیح نہیں ہو سکتی۔ کیونکہ خواب میں نبی صلی اللہ علیہ وسلم کے ارشاد کا حکم ثابت نہیں ہے۔ جبکہ آپ صلی اللہ علیہ وسلم کی حیات طیبہ میں جو کچھ آپ صلی اللہ علیہ وسلم نے اس دنیا میں ارشاد فرمایا تھا اس کا حکم ثابت ہے تصحیح حدیث کا مدار صرف اسناد پر ہوتا ہے۔

ملا علی قاری شرح النخبۃ میں فرماتے ہیں: کشف اور الہام اس مبحث سے غلطی کے احتمال کے باعث خارج ہیں۔(۲۱) اسی طرح شیخ محمد جمال الدین قاسمی رحمۃ اللہ علیہ اپنی کتاب "قواعد التحدیث" میں الرد علي من يزعم تصحيح بعض الاحاديث بالكشف بان مدارالصحۃ علي السند کے تحت لکھتے ہیں: "یہ بات ہر خاص و عام کو معلوم ہے کہ احادیث صرف اسانید سے ثابت ہوتی ہیں نہ کہ کشف اور انوار قلوب وغیرہ سے" (۲۲) ایسا دعویٰ کرنے والوں کے متعلق امام ابن الجوزی حنبلی بغدادی رحمۃ اللہ علیہ نے کیا خوب فیصلہ صادر فرمایا ہے:

"جس نے حدثني قلبي عن ربي کہا، اس نے درپردہ اس بات کا اقرار کیا کہ وہ رسول اللہ صلی اللہ علیہ وسلم سے مستغنی ہے اور جو شخص یہ دعویٰ کرے وہ کافر ہے (۲۳) صوفیاء (بالخصوص ابن عربی) کے بذریعہ کشف صحت حدیث بیان کرنے کے متعلق مزید تفصیلات کے لیے راقم کی مطبوعہ کتاب "ضعیف احادیث کی معرفت اور ان کی حیثیت" کی طرف رجوع فرمائیں۔

(۴)علامہ عجلونی رحمۃ اللہ علیہ نے ماوردی رحمۃ اللہ علیہ کی کتاب "ادب الدین والدنیا" سے حضرت عائشہ صدیقہ رضی اللہ تعالیٰ عنہا کی جس حدیث کو بطور استشہاد نقل کیا ہے وہ بھی "بے اصل" ہے اس حدیث پر ان شاء اللہ ایک علیحدہ مضمون میں مفصل بحث کی جائے گی۔ ان تمام قابل گرفت امور کو علامہ عجلونی رحمۃ اللہ علیہ کا اپنی کتاب میں نقل اور پھر بلا تنقید چھوڑ دینا انتہائی تعجب اور افسوس کی بات ہے بعید نہیں کہ آں رحمہ اللہ بھی واسع العلم اور جلیل الشان ہونے کے باوجود انہی صوفیانہ نظریات کے حامل رہے ہوں۔ واللہ اعلم۔

اختتام سے قبل عصر حاضر کے دو مشہور علماء کی آراء بھی پیش خدمت ہیں :

محدث شام علامہ شیخ محمد ناصر الدین الالبانی ضفظہ اللہ نے اس حدیث پر "بے اصل "ہونے کا حکم لگایا ہے اور اظہار افسوس کے طور پر فرماتے ہیں

"اس کے باوجود متاخرین فقہائے حنفیہ میں سے بعض نے اس حدیث کی شرح میں رسالہ لکھا ہے جو کہ مکتبہ الاوقاف الاسلامیہ حلب (مصر) میں محفوظ ہے۔۔۔ یہ بات اس امر پر دلالت کرتی ہے کہ یہ فقہاء انتہائی افسوسناک حد تک سنت کی خدمت اور اس میں داخل ہونے والی خارجی اشیاء سے اس کو چھانٹ پھٹک کرنے والے محدثین عظام کی بہودو سعی سے استفادہ نہیں کرتے اسی وجہ سے ان کی کتب میں ضعیف اور موضوع احادیث کی کثرت پائی جاتی ہے۔ واللہ المستعان "(۲۴)

اور جامعہ امام محمد بن سعود بالریاض کے استاد شیخ عبد الفتاح ابو غدہ مصری جو حاضر میں فقہ حنفی کے مشہور ترجمان و شارح سمجھتے جاتے ہیں نے ملا علی قاری حنفی رحمۃ اللہ علیہ کی کتاب "المصنوع" کے ابتدائی صفحات میں "شذرات فی بیان بعض الاصطلاحات فی عبارت المحدثین النقاد و حول الاحادیث الموضوعۃ "کے زیر عنوان اس حدیث کو بحوالہ

"ذیل الموضوعات "للسیوطی وارد کر کے "غیر ثابت بتایا ہے(۲۵) فجزاہ اللہ۔

و آخر دعوانا ان الحمدللہ رب العالمین والصلوۃ والسلام علی رسولہ الکریم وعلی من تبعہ باحسان اتی یوم الدین۔

حوالہ جات

۱۔کشف المحجوب للہجویری ص۱۷۵، طبع لا ہور ۱۳۹۸ھ، عوارف المعارف للسہروردی ج۲ص۸۴طبع مصر۱۲۹۲ھ، الرسالہ القشیریۃ للقشیری ص۵۶طبع مصر۱۳۰۴ھ

۲۔کشف المحجوب للہجویری ص۱۷۶۔۔۔

۳۔ماہنامہ سلسبیل لاہور ج۲۸عدد ۱۰ص۱۵، ماہ اکتوبر ۱۹۹۰ء۔۔۔۔

۴۔التکشف عن مہمات التصوف للتھانوی ص۱۱۴ طبع حیدرآباد کن۔۔۔

۵۔الموضوعات للغانی ص۳۵۔۔۔

۶۔سنی المطالب للحوت ص۲۹۹۔۔۔

۷۔تمییز الطیب للشیانی ص۱۸۷۔۔۔

۸۔التذکرۃ فی الاحادیث المشتہرۃ للزرکشی ص۱۲۹۔۔۔

۹۔تذکرۃ الموضوعات للفتنی ص۱۱۔۔۔

۱۰۔الغماز علی للسہودی ص۲۱۵۔۔۔

۱۱۔الدرر المنتشرۃ للسیوطی ۳۹۰۔۔۔

۱۲۔ذیل الموضوعات للسیوطی ص ۲۰۳۔۔۔

(۱۳۔الحادی للفتاوی للسیوطی ج۲ص۳۵۱۔۔۔

۱۴۔الرد علی المعترمنین علی الشیخ ابن عربی للفیروزآبادی ج۲ص۳۷(ق)۔۔۔

۱۵۔ المقاصد الحسنہ للسخاوی ص۴۱۹۔۔۔

۱۶۔ سورۃ البقرۃ ۱۳۰۔۔۔

۱۷۔ الاسرار المرفوعہ للقاری ص۲۳۸،۔۔۔

۱۸۔ کشف الخفاء ومزیل الالباس للعجلونی ج ۲ص ۳۴۳، ۳۴۴۔۔۔۔۔

۱۹۔ الفتوحات المیکۃ لابن عربی ج ا ص۵۷۔۔۔

۲۰۔ التنکیل بمانی مانیب الکوثری للیمانی ج ۲ص ۱۴۱۳۔۔۔

۲۱۔ مقدمہ تحفۃ الاحوذی للمبارکپوری ص ۱۵۲، ۱۵۳۔۔۔۔

۲۲۔ قواعد التحدیث للقاسمی ص ۱۷۵۔ ۱۸۳، ملخصا۔۔۔

۲۳۔ تلبیس ابلیس لابن الجوزی ص ۳۷۴۔۔۔

۲۴۔ سلسلۃ الاحادیث الضعیفۃ والموضوعۃ للالبانی ج ا ص۹۶۔۔۔۔

۲۵ المصنوع للقاری ص ۳۷۔

***

۸

عفو و درگزر کی ضرورت اور اہمیت

حافظ محمد ایوب

روزنامہ جنگ لاہور مؤرخہ ۶/مارچ ۱۹۹۸ء کے شمارے میں بی بی سی کے حوالے سے ایک رپورٹ شائع ہوئی ہے۔ جس کی شہ سرخیاں درج ذیل ہیں۔

۱۔ ٹھنڈے دل سے غور کریں۔۔۔۔پاکستانی معاشرہ کس طرف جارہا ہے؟

۲۔ مسائل نے پاکستانیوں کو چڑچڑا بنادیا کوئی کسی کو برداشت نہیں کرتا؟

۳۔ انفرادی اور اجتماعی دونوں صورتوں میں دوسروں پر غصہ نکالنے اور توہین کرنے کا رجحان ہے۔ فرقہ واریت اور امن وامان کی بگڑتی ہوئی صورت حال اس بیماری کی علامتیں ہیں۔

۴۔ جب رواداری ختم ہو جائے تو معاشرہ ایک بے ربط ہجوم میں بدل جاتا ہے اور معاملہ آنکھ کے بدلے آنکھ کی بجائے ناک تک جا پہنچتا ہے۔

ان سرخیوں کے ذیل میں لاہور (مانیٹرنگ سیل) یہ رپورٹ پیش کرتا ہے۔

"کراچی کی ایک پختون لڑکی رفعت آفریدی اور غیر پختون لڑکے کنور احسن نے اپنی مرضی سے شادی کرنے اور زندگی گزارنے کا جو فیصلہ کیا تو لڑکی والوں کی طرف سے شدید مخالفت کے پہلے مرحلہ میں ایک دن کی ہڑتال کے سبب تین افراد کی جانیں گئیں

اور دوسرے مرحلے میں عدالت کے احاطے میں کنور احسن شدید زخمی ہوا۔ بی بی سی کی پاکستان کی سماجی زندگی پر ایک خصوصی رپورٹ کے مطابق اس طرح کا ایک واقعہ لاہور میں بھی نمایاں ہوا۔ جس میں صائمہ نامی ایک لڑکی نے اپنے گھر والوں کی مرضی کے بغیر ایک لڑکے سے نکاح کرنے کی کوشش کی۔ ایک عدالت نے فیصلہ دیا کہ سرپرست کی مرضی کے بغیر نکاح نہیں ہو سکتا لیکن لڑکے اور لڑکی نے یہ فیصلہ تسلیم نہیں کیا اور یہ واقعہ دیگر واقعات کے بوجھ تلے دب گیا اور کہا جا رہا ہے کہ وہ لڑکی اب بیرون ملک مفرد رہے۔ اس سے بھی پہلے ایک کمسن لڑکے سلامت مسیح پر توہین رسالت کے الزام میں مقدمہ قائم ہوا۔ عدالت نے اسے بری کر دیا۔ لیکن اسے اتنی دھمکیاں ملیں کہ اسے بیرون ملک ہی جانا پڑا۔

چند روز پہلے احمدی فرقے کے کسی مردے کو عام مسلم قبرستان میں دفن کیا گیا۔ جب یہ خبر پھیلی تو لاش کو دوبارہ قبر سے نکالا گیا اور اسے کہیں اور لے جا کر دفن کرنا پڑا۔ پاکستان کے سب سے پسماندہ علاقہ تھر میں اعلیٰ ذات کے ہندوؤں کے درمیان نچلی ذات کے ہندو نہیں رہ سکتے۔ جبکہ ایک ہی گھر میں اعلیٰ ذات کے ہندو اور مسلمان ایک ہی میز پر کھانا کھاتے ہیں۔ پاکستان میں آپ چھوٹے بڑے شہر کی کسی بھی سڑک پر جائیں اور اگر سامنے سے کوئی معذور شخص، عورت یا لڑکی سڑک پار کر رہی ہے تو ٹریفک اتنا جلد باز ہوتا ہے کہ وہ بیچ میں ہی پھنس کر رہ جاتے ہیں۔ ٹریفک سگنل اگر کسی چوک پر سرخ ہو جائے تو روکنے والے کو نہ صرف پیچھے سے ہارون سننا پڑتی ہے بلکہ قریب سے گزرتی ہوئی گاڑیوں سے آوازیں بھی سننی پڑتی ہیں ان چند مثالوں سے پاکستان کی سماجی زندگی میں قوت برداشت اور رواداری سکی کمی واضح دکھائی دیتی ہے۔

زیادہ تر لوگ ایک دوسرے کو رعایت دینے پر آمادہ ہیں ہی نہیں۔ عدم رواداری کا

بنیادی سبب غالباً یہ ہو سکتا ہے کہ ہر آدمی روز مرہ کے بنیادی مسائل اور ان کے حل ہونے کی موہوم سی امید بھی نہ ہونے کے سبب اس قدر چڑ چڑے پن کا شکار ہے کہ یہ چڑچڑا پن انفرادی اور اجتماعی دونوں صورتوں میں دوسروں پر غصہ اور ان کی کھلے عام توہین کی صورت میں سامنے آتا ہے۔ یہ رجحان انتہائی اعلیٰ سطح سے لے کر ادنیٰ سطح تک بڑی آسانی سے دیکھا جا سکتا ہے۔ فرقہ واریت اور امن و امان کی بگڑتی ہوئی صورت حال اور دیگر مسائل بیماریاں نہیں بیماری کی علامت ہیں اور بیماری ہے خود کو سو فیصد درست سمجھنا اور دوسرے کو برداشت نہ کرنا۔۔ اور جب عدم رواداری بڑھ جائے تو معاشرہ ایک بے ربط ہجوم میں بدل جاتا ہے اور معاملہ آنکھ کے بدلے آنکھ سے بڑھ کر آنکھ کے بدلے ناک تک پہنچ جاتا ہے۔ کیا پاکستانی معاشرہ اسی جانب جا رہا ہے؟ اس سوال پر اہل پاکستان کو انتہائی ٹھنڈے دل اور رواداری سے سوچنے کی ضرورت ہے۔!!

مذکورہ بالا رپورٹ میں جن باتوں کی نشاندہی کرنے کے بعد پاکستان کے اہل علم اور صاحب بصیرت لوگوں کو غور و فکر کرنے کی دعوت دی گئی ہے۔ ان میں بعض کا تعلق ایسے مسائل سے ہے جن کے بارے میں ہم رپورٹ مرتب کرنے والے کی رائے سے متفق نہیں ہو سکتے۔ کیونکہ ان سے ایک طرف تو بے راہروی معاشرتی فساد اور خودسری پیدا ہوتی ہے اور دوسری طرف خاندانی رابط و ضبط تباہی کا شکار ہو جاتا ہے۔

نیز یہ بات بھی یاد رکھنی ضروری ہے کہ آزادی کے نام پر اسلامی اصولوں سے ایک یا چند نام نہاد مسلمانوں کے بغاوت کرنے سے کوئی نیا ضابطہ وجود کوئی غلط فیصلہ کر دے تو حقیقت سے واقف کار لوگوں کا یہ فرض بنتا ہے کہ ایسے فیصلہ پر عملدر آمد نہ ہونے دیں اور صحیح معاملے کی نشاندہی کریں۔ تا کہ حق و صداقت کو پہچانا جا سکے۔ رسول اللہ صلی اللہ علیہ وسلم کا فرمان ہے۔

"میں ایک انسان ہوں اور بے شک تم جھگڑتے ہوئے میرے پاس آتے ہو ممکن ہے تو میں سے کوئی شخص اپنی دلیل کو مد مقابل کی نسبت زیادہ بہتر طریقے سے بیان کرنے کی صلاحیت رکھتا ہو اور میں اس سے سنی ہوئی بات کے مطابق اس کے حق میں فیصلہ کر دوں تو جس شخص کے لیے میں اس کے بھائی کے حق میں سے کسی چیز کا فیصلہ کر دوں تو وہ اس کے قریب بھی نہ پھٹکے کیونکہ میں نے اس طرح سے جہنم کا ایک ٹکڑا اس کے حوالے کر دیا" (بخاری کتاب الاحکام باب موعظہ الامام للخصوم ص۸ / ۱۱۲)

اس حدیث سے یہ بات ثابت ہوتی ہے کہ قاضی کا ایسا فیصلہ جو کہ اس کے سامنے پیش ہونے والے دلائل کے لحاظ سے بالکل صحیح ہی کیوں نہ ہو۔ حالانکہ در حقیقت وہ غلط ہے اور جس کے حق میں وہ فیصلہ ہوا ہے اسے بھی فیصلہ کے غلط ہونے کا علم ہے تو اسے قاضی کے فیصلہ کے مطابق عملدر آمد کا مطالبہ نہیں کرنا چاہیے بلکہ حقیقت کا اظہار کر کے اپنی غلطی کا اعتراف کر لینا چاہیے ورنہ وہ جہنم کا حق دار بن جائے گا۔

ہاں چند مسائل ایسے ہیں جو اہل فکر کی توجہ چاہتے ہیں اور کسی حال میں بھی ان کا کرنا مناسب نہیں۔ جیسے کہ معاملے کی تہہ تک پہنچے بغیر اُلجھ پڑنا دوسروں کو تکلیف پہنچانا ذرا سی بات پر مرنے مارنے پر تل جانا ہر ناپسندید بات پر آپے سے باہر ہو جانا دوسرے انسانوں کا احترام نہ کرنا تحمل و برداشت سے تہی دامن ہونا۔ ملکی قانون کو خاطر میں نہ لانا عفور در گزر کی ضرورت اور اہمیت سے ناواقف ہونا۔ یہ سب امور ایسے ہیں جن سے غفلت انسانی بقا کے لیے بہت ہی خطرناک ہے اور معاشرتی زندگی تہ و بالا ہو جاتی ہے۔ اس کا ندازہ آپ ایک ایسی خبر سے لگا سکتے ہیں۔ جو روزنامہ جنگ مؤرخہ ۳۱/ مارچ ۱۹۹۸ء کے صفحہ ۱۶ پر شائع ہوئی ہے۔ جس کی بعض سرخیاں درج ذیل ہیں۔

"گدھا مسجد میں داخل ہونے پر افغان قبائل میں لڑائی۔۔۔ ۵۱ ہلاک"

"ایک شخص نے گدھے کو گولی مار ڈھیر کر دیا۔ مالک نے مشتعل ہو کر ۱۳/ نمازی ہلاک کر دیئے۔"

"مقامی لوگوں نے گدھے کے مالک کے گاؤں پر حملہ کر دیا۔ راکٹ لانچروں اور میزائلوں کا استعمال"

مندرجہ بالا واقعہ کیا یہیں ختم ہو جاتا ہے یا یہ جنگ کتنی اور جانوں کو تلف کرے گی اور کتنا عرصہ خون کی ندیاں بہتی رہیں گی۔ اللہ ہی بہتر جانتا ہے۔ لیکن غور کرنے کی بات یہ ہے۔ کیا اسلام اپنے ماننے والوں کی تربیت اسی انداز میں کرتا ہے۔ یہ کردار تو عرب کی جاہلیت میں ڈوبی ہوئی قوم کے کردار سے بھی بدتر ہے جن کے پاس نور اسلام کی کوئی کرن نہیں پہنچی تھی۔ ان انسان نما حیوانوں ہی کے بارے میں مولانا حالی نے فرمایا تھا کہ:

چلن ان کے جتنے تھے سب وحشیانہ
ہر اک لوٹ مار میں تھا یگانہ
فسادوں میں کٹتا تھا ان کا زمانہ
نہ تھا کوئی قانون کا تازیانہ
وہ تھے قتل و غارت میں چالاک ایسے
درندے ہوں جنگ میں بے باک جیسے

دوسری جگہ عفو و درگزر سے عاری اس قوم کا نقشہ کھینچتے ہیں جن کی باہمی جنگیں تقریباً آدھی صدی پر محیط تھیں اور نتیجتاً قبیلوں کے قبیلے صفحہ ہستی سے مٹ گئے۔ (مسدس حالی ص ۱۴)

کہیں تھا مویشی چرانے پہ جھگڑا کہیں پہلے گھوڑا بڑھانے پہ جھگڑا

لب جو کبھی آنے جانے پہ جھگڑا کہیں پانی پینے پلانے پہ جھگڑا

یونہی روز ہوتی تھی تکرار ان میں یونہی چلتی رہتی تلوار ان میں

اس لیے ضروری کہ ہم میں سے ہر شخص ایسی اخلاقی اقدار کا خوگر بن جائے۔جو اسلام کا شعار ہیں اور جن کے بغیر اسلام کی تکمیل ناممکن ہو جاتی ہے۔رسول اللہ صلی اللہ علیہ وسلم کا فرمان ہے۔

الْمُسْلِمُ مَنْ سَلِمَ الْمُسْلِمُونَ مِنْ لِسَانِهِ وَيَدِهِ. (بخاری کتاب الرقاق باب الانہتاء عن المعاصی)

"مسلمان وہ ہے جس کی زبان اور ہاتھ سے مسلمان محفوظ ہوں"

اس حدیث سے ثابت ہوتا ہے کہ کسی مسلمان کے زبان اور ہاتھ سے دوسرے مسلمان محفوظ نہ ہوں تو اس کے مسلمان ہونے کے بارے میں مشکوک وشبہات جنم لے سکتے ہیں۔

حضرت ابوہریرہ رضی اللہ تعالیٰ عنہ روایت فرماتے ہیں کہ رسول اللہ صلی اللہ علیہ وسلم نے فرمایا:

وَاللَّهِ لا يُؤْمِنُ، وَاللَّهُ لا يُؤْمِنُ بِاللَّهِ، وَاللَّهِ لا يُؤْمِنُ بِاللَّهِ، وَلا يُؤْمِنُ " . قَالُوا : يَا رَسُولَ اللَّهِ وَمَا ذَلِكَ ؟ قَالَ : " جَارٌ لا يَأْمَنُ جَارُهُ بَوَائِقَهُ " . قَالُوا : يَا رَسُولَ اللَّهِ وَمَا بَوَائِقُهُ ؟ قَالَ : " شَرُّهُ "

"اللہ کی قسم وہ مؤمن نہیں اللہ کی قسم وہ مؤمن نہیں اللہ قسم وہ مؤمن نہیں۔دریافت کیا گیا کون اے اللہ کے رسول اللہ صلی اللہ علیہ وسلم ؟تو آپ نے فرمایا:وہ شخص جس کا پڑوسی اس کی شرارتوں سے محفوظ نہیں "

اس حدیث میں اگرچہ بعض مخصوص حالات میں مؤمن نہ ہونے کی نشاندہی فرمائی گئی ہے لیکن مجموعی طور پر یہ بات واضح طور پر سمجھ میں آتی ہے کہ دوسرے انسانوں کو تکلیف پہنچانا اسلام میں سخت ناپسندیدہ فعل ہے ایسا کرنے والا شخص اسلامی معاشرے میں

اپنی قدر و قیمت اور احترام سے محروم ہو جاتا ہے ہر چھوٹے بڑے کی نظروں میں حقارت کے سوا اسے کچھ نہیں ملتا۔ صرف لوگ اس کی شرارتوں سے محفوظ رہنے کے لیے وقتی طور پر اسے قدرے عزت دیتے ہیں رسول اللہ صلی اللہ علیہ وسلم ام المؤمنین عائشہ صدیقہ رضی اللہ تعالیٰ عنہا کے پاس تشریف فرما تھے اور کسی شخص نے اجازت طلب کی۔ رسول اللہ صلی اللہ علیہ وسلم نے اس کے متعلق فرمایا:

بِئْسَ اَخُو الْعَشِيرَةِ

قبیلے کا بدترین انسان ہے جب وہ شخص رسول اللہ صلی اللہ علیہ وسلم کے پاس آگیا تو آپ نے نہایت نرمی سے بات کی۔ اس کے جانے کے بعد حضرت عائشہ رضی اللہ تعالیٰ عنہا نے استفسار کیا تو آپ صلی اللہ علیہ وسلم نے فرمایا: "وہ شخص بہت برا ہے جس کے شر سے بچنے کے لیے اس کو چھوڑ دیا جائے" (بخاری: کتاب الادب باب لم یکن النبی صلی اللہ علیہ وسلم فاحشاص ۷/۸۱)

رسول اللہ صلی اللہ علیہ وسلم کو یہ بات گوارا ہی نہیں کہ کسی مسلمان کو تکلیف دی جا ئے آپ صلی اللہ علیہ وسلم نے اس بارے میں یہاں تک فرمایا ہے:

سِبَابُ الْمُسْلِمِ فُسُوقٌ، وَقِتَالُهُ كُفْرٌ (بخاری کتاب الادب باب ما نہی عن السب)

"مسلمان کو گالی دینا فاسق بنا دیتا ہے اور اس سے لڑائی کرنا کفر کرنے کے مترادف پہنچاتے ہیں اس سے نادانستہ طور پر کوئی ایسی غلطی ہو جائے جو دوسروں کے لیے پریشانی کا باعث بن جائے تو ایسے شخص کے لیے ضروری ہے کہ وہ اپنی غلطی کا اعتراف کرے نادم ہو۔ دوبارہ ایسا نہ کرنے کا عزم کرے۔ تو اللہ تعالیٰ اس شخص کو معاف فرما دیتے ہیں جیسے کہ حدیث میں ہے:

فَإِنَّ الْعَبْدَ إِذَا اعْتَرَفَ بِذَنْبٍ ثُمَّ تَابَ تَابَ اللَّهُ، عَلَيْهِ

"جس شخص نے غلطی کر کے اعتراف کر لیا اور توبہ کر لی تو اللہ تعالیٰ اس کی توبہ قبول کر لیتا ہے"

اگر ایسی غلطی سے کوئی انسان یا معاشرہ متاثر ہوا ہے تو ان سے معذرت کی جائے گی اسلام بھی انہیں اس بات کی ترغیب دیتا ہے کہ وہ عفوو درگزر سے کام لیں اور اس کی معذرت قبول فرمائیں اور اصلاح کا موقع دیں۔ اللہ رب العزت کا یہی قانون ہے کیونکہ اگر فوری طور پر سزا دینے کا عمل اختیار کر لیا جائے تو زمین پر کوئی بھی زندہ نظر نہ آئے۔ اللہ تعالیٰ کا فرمان ہے۔ (النمل:٦١)

وَلَوْ يُؤَاخِذُ اللَّهُ النَّاسَ بِظُلْمِهِمْ مَا تَرَكَ عَلَيْهَا مِنْ دَابَّةٍ وَلَٰكِنْ يُؤَخِّرُهُمْ إِلَىٰ أَجَلٍ مُسَمًّى ۖ فَإِذَا جَاءَ أَجَلُهُمْ لَا يَسْتَأْخِرُونَ سَاعَةً ۖ وَلَا يَسْتَقْدِمُونَ.

"اور اگر اللہ تعالیٰ لوگوں کے ظلم کی وجہ سے ان کا مؤاخذ فرماتے تو زمین پر کوئی جانور بھی نہ چھوڑتے۔ لیکن اللہ تعالیٰ انہیں ایک محدود مدت تک مہلت دیتا ہے اور پھر جب ان کا مقررہ وقت آجاتا ہے تو پھر لمحہ بھر کی تقدیم و تاخیر نہیں ہوتی" اللہ تعالیٰ نے اپنی صفت "عفو" کا ذکر قرآن پاک میں کئی مقامات پر فرمایا ہے سورۃ حج میں اللہ تعالیٰ نے مہاجرین کے بارے میں فرمایا ہے۔

"جو لوگ کفار کی سختیوں سے تنگ آنے کے بعد اللہ کے لیے اپنے گھر بار چھوڑ آئے پھر یا تو وہ اللہ تعالیٰ کے راستے میں لڑتے ہوئے شہادت پا گئے یا طبعی موت مر گئے۔ اللہ تعالیٰ انہیں بہت عمدہ رزق عطا فرمائے گا۔ کیونکہ اللہ تعالیٰ سب سے بہتر رزق دینے والا ہے اور انہیں پرکشش جگہ میں داخل فرمائے گا بے شک اللہ تعالیٰ جاننے والا اور حوصلے والا ہے" (سورۃ الحج:۵۸۔۵۹)

اس ذکر خیر کے بعد آیت نمبر ٦٠ میں اللہ تعالیٰ یہ ارشاد فرماتے ہیں۔

"اگر کوئی شخص اپنے دشمن کو اتنا تنگ کرے جتنا وہ خود دشمن سے تنگ ہوا تھا اور دشمن پھر اس پر زیادتی کرے تو اللہ تعالیٰ اس مظلوم کی دادرسی فرمائے گا۔بے شک اللہ تعالیٰ معاف کرنیوالا اور بخشنے والا ہے"

اسی طرح سورۃ مجادلہ کی ابتدائی آیات میں بیویوں کے متعلق ماں کے لفظ استعمال کرکے انہیں اپنے لیے حرام کرلینے والے شوہروں کی بات کو اللہ تعالیٰ نے بہت ہی ناپسند فرمایا اور ان کے اس عمل کو منکر وزور (بے ہودہ اور جھوٹ کا پلندہ) قرار دیا ہے لیکن انہیں اپنی رحمت سے مایوس نہیں فرمایا۔بلکہ اپنی صفات "عفو" اور "غفور" کا ذکر کرکے انہیں اصلاح کا موقع دیا ہے۔۔۔اسی طرح سورۃ اعراف میں اللہ تعالیٰ نے اپنے رسول اللہ صلی اللہ علیہ وسلم کی دعوت ہدایت اور کفار کے مسلسل انکار کا نقشہ ان الفاظ میں کھینچا ہے(سورۃ الاعراف:۱۹۹،۱۹۸)

"اگر آپ انہیں ہدایت کی طرف بلائیں تو وہ لوگ آپ کی بات نہیں سنتے اور آپ محسوس کرتے ہیں کہ وہ پھٹی ہوئی نظروں سے آپ کی طرف دیکھ رہے ہیں۔حالانکہ ان میں دیکھنے کی صلاحیت ختم ہوچکی ہے۔اس لیے آپ ان سے درگزر فرمائیں۔بھلائی کا کام جاری رکھیں اور جاہلوں کو منہ نہ لگائیں "

یہ آیت اس بات کو واضح کرتی ہے کہ اللہ تعالیٰ اپنے رسول اللہ صلی اللہ علیہ وسلم کو تبلیغ دین کے سلسلے میں پیش آنے والے مصائب کو خندہ پیشانی سے برداشت کرنے کی تلقین فرماتا ہے۔تکلیف دینے والوں کے ساتھ عفوودرگزر سے پیش آنے کی ہدایت فرماتا ہے اس کے باوجود اگر کوئی الجھنا چاہے تو بھی جھگڑنے کی ضرورت نہیں۔رسول اللہ صلی اللہ علیہ وسلم نے عفوودرگزر کے معاملے کو کمال تک پہنچایا اور بعد میں آنے والے لوگوں کے لیے ایسی مثالیں چھوڑ گئے ہیں کہ عقل دنگ رہ جاتی ہے۔ طرح طرح کی

اذیتیں دینے والے دشمنوں کو نہ صرف معاف فرمایا بلکہ ان کو گلے لگایا ان کے احترام میں کوئی کمی نہ فرمائی۔

دشمنوں سے عفوودرگزر:

دشمن سے انتقام لینا اور خاص کر دشمن بھی ایسا جس نے بھرپور دشمنی کی ہو۔ لہو کا پیاسا ساری زندگی دکھ دینے والا ہر دم گھات میں رہنے والا اس کے لگائے ہوئے زخم مسلسل رس رہے ہوں۔ ساری زندگی چین سے نہ بیٹھنے دیا ہو۔ ایسے آدمی سے انتقام لینا فطری تقاضا ہے۔ ایسے دشمن کو اس وقت معاف کرنا اور درگزر کرنا بدلہ نہ لینا جبکہ بدلہ لینے کی پوری طاقت بھی ہو اور حالات بھی مددگار ہوں۔ ایسی صورت میں ایسے دشمن کو معاف کرنا کتنی بڑی عظمت کی بات ہے۔ رسول اللہ صلی اللہ علیہ وسلم کا فرمان ہے (کتاب الادب: باب الحذر من الغضب ص۷/۹۹)

لَيْسَ الشَّدِيدُ بِالصُّرْعَةِ، إِنَّمَا الشَّدِيدُ الَّذِي يَمْلِكُ نَفْسَهُ عِنْدَ الْغَضَبِ "

"طاقتور وہ نہیں جو مدمقابل کو پچھاڑ دے بلکہ طاقتور وہ ہوتا ہے جو غصہ کے وقت اپنے آپ پر قابو رکھے"

قرآن مجید میں مؤمنوں کی صفات کا تذکرہ فرماتے ہوئے اللہ رب العالمین نے ان کی چند صفات کی نشاندہی کی:

وَالْكَاظِمِينَ الْغَيْظَ وَالْعَافِينَ عَنِ النَّاسِ ۗ (آل عمران:۱۳۴)

"وہ غصہ کو پی لیتے ہیں اور لوگوں کو معاف کرتے ہیں "رسول اللہ صلی اللہ علیہ وسلم اس آیت کی مجسم تفسیر تھے۔ طعنے دینے والوں مجنوں اور جادوگر کہنے والوں راہ چلتے ہوئے اوپر سے سر مبارک میں گندگی پھینکنے کے ایسے والوں بلکہ خون کے پیاسوں کو جس طرح عفوودرگزر سے نوازا وہ آپ کی ہستی کا ہی خاصہ ہے۔ آپ کی زندگی کے ایسے چند

ایک واقعات پیش خدمت ہیں۔

سرداران قریش کو معاف کرنا:۔

فتح مکہ کے موقع پر بیت اللہ میں داخل ہونے کے بعد حضرت بلال رضی اللہ تعالیٰ عنہ کو رسول اللہ صلی اللہ علیہ وسلم نے اذان دینے کا حکم دیا۔ سرداران قریش میں سے ابو سفیان عتاب و خالد بن اُسید حارث بن ہشام وغیرہ بیت اللہ کے صحن میں موجود تھے۔ عتاب اور خالد نے کہا کہ اللہ تعالیٰ نے ہمارے والد کی بڑی عزت رکھی کہ وہ اس اذان کی آواز کو سننے سے پہلے ہی دنیا سے رخصت ہو گئے۔ حارث نے کہا خدا کی قسم! اگر مجھے یقین ہو جائے کہ آپ صلی اللہ علیہ وسلم حق پر ہیں تو میں آُ کی اطاعت میں آ جاؤں۔ ابو سفیان نے کہا کہ میں خاموشی اختیار کرتا ہوں اور اپنی زبان سے کوئی لفظ نہیں نکالنا چاہتا۔ کیونکہ میرے منہ سے نکلی ہوئی بات کے متعلق یہ سنگریزے بھی آپ کو باخبر کر دیں گے اسی اثنا میں رسول اللہ صلی اللہ علیہ وسلم ادھر سے گزرے تو آپ نے ان سرداروں کو مخاطب کر کے فرمایا کہ تمھاری گفتگو کے بارے میں مجھے اطلاع مل چکی ہے آپ نے ان کی ساری گفتگو کو دہرا دیا۔ حارث اور عتاب نے فوراً آپ کی رسالت کا اقرار لیا۔ مسلمان ہونے کے بعد رسول اللہ صلی اللہ علیہ وسلم نے عتاب کو مکہ کا والی مقرر کر دیا۔ (البدایہ والنہایہ :ص ۴/ ۳۰۳۔۔۔ زرقانی: ص ۲/ ۳۴۶)

ہبار بن اسود کے لیے معافی:۔

اس شخص نے اسلام سے پہلے رسول اللہ صلی اللہ علیہ وسلم کی بیٹی حضرت زینب رضی اللہ تعالیٰ عنہا کے ساتھ انتہائی گستاخانہ رویہ اور بد سلوکی کا مظاہرہ کر کے آپ صلی اللہ علیہ وسلم کو دلی دکھ پہنچایا۔ کیونکہ اولاد کی تکلیف والدین کے لیے نہایت ہی باعث اذیت ہوا کرتی ہے۔ لیکن اس طرز عمل کی وجہ سے رسول اللہ صلی اللہ علیہ وسلم نے اس

کا خون مباح ہونے کے باوجود اس کا اسلام لانا قبول فرمایا اور اسے معاف کر دیا۔ واقعہ کی حقیقت مؤرخین نے یوں بیان کی ہے۔ (الاصابہ: ۵۶۵۔۔۔ زرقانی ۲/۳۱۵)

"ہجرت کے ابتدائی ایام میں رسول اللہ صلی اللہ علیہ وسلم کی صاحبزادی حضرت زینب رضی اللہ تعالیٰ عنہا زوجہ ابو العاص بن ربیع مکہ سے ہجرت کر کے مدینہ منورہ تشریف لے جارہی تھیں۔ ہبار بن اسود نے چند اوباشوں کے ساتھ مل کر ان کا راستہ روکا اور انہیں ایک نیزہ مارا جس سے وہ سواری سے گر پڑیں۔ بیان کیا جاتا ہے کہ آپ ان دنوں حاملہ تھیں آپ کے گرنے سے حمل ساقط ہو گیا اور یہی واقعہ آپ کی موت کا سبب بنا۔ لیکن جب یہ شخص فتح مکہ کے دن آپ کی خدمت میں حاضر ہوا تو صحابہ کرام رضوان اللہ عنھم اجمعین نے عرض کیا یارسول اللہ صلی اللہ علیہ وسلم یہ ہبار بن اسود ہے آپ صلی اللہ علیہ وسلم نے فرمایا: میں نے اسے دیکھ لیا ہے کسی نے بڑھ کر اسے مارنا چاہا تو رحمت عالم صلی اللہ علیہ وسلم نے روک دیا۔ ہبار نے موقع کو غنیمت سمجھتے ہوئے اسلام قبول کر لیا اور آپ صلی اللہ علیہ وسلم نے اسے معاف فرمادیا۔

وحشی بن حرب کے لیے معافی:۔

سید الشہداء حضرت حمزہ رضی اللہ تعالیٰ عنہ کا جو تعلق آقا مدار صلی اللہ علیہ وسلم کے ساتھ تھا وہ کسی مسلمان سے ڈھکا چھپا نہیں۔ وہ آپ صلی اللہ علیہ وسلم پر جان نچھاور کرتے تھے غزوہ احد میں وحشی نے گھات لگا کر آپ کو شہید کیا۔ فتح مکہ کے دن رسول اللہ صلی اللہ علیہ وسلم نے اس کا خون مباح قرار دے دیا تھا اس لیے یہ شخص بھاگ کر پہلے طائف چلا گیا اور پھر وہاں سے مدینہ منورہ آیا اور رسول اللہ صلی اللہ علیہ وسلم کی خدمت میں حاضر ہو کر اسلام قبول کیا اور آپ سے اپنے قصور کی معافی چاہی رحمت للعالمین صلی اللہ علیہ وسلم نے اسے دامن رحمت میں جگہ دی اور معاف کر دیا۔ انسانی تاریخ میں آپ

نے محسنوں کے قاتلوں کو صرف اللہ کی رضا کے لیے معاف کر دینا یہ نبی رحمت صلی اللہ علیہ وسلم ہی کا خاصہ ہو سکتا ہے ورنہ ایسی حالت میں عربوں کے ہاں صدیوں قتل و غارت کا بازار گرم رہتا تھا (البدایہ: ص ۲ / ۵۹۴)

ابو محذورہ کو معاف کرنا:۔

حضرت بلال رضی اللہ تعالیٰ عنہ نے مکہ کے دن جب بیت اللہ کی چھت پر چڑھ کر اذان دی تو ابو محذورہ جہمی اور چند دوسرے نوجوان نے ان کی اذان کا مذاق اڑایا اور اذان کی نقل اتاری۔ ابو محذورہ کی آواز بہت بلند ارو سریلی تھی جیسے ہی آپ نے اس کی آواز سنی تو انھیں حاضر ہونے کا حکم دیا۔ دریافت فرمایا کہ تم میں سے کون شخص ہے۔ جس کی آواز میں نے سنی ہے۔ سب جوانوں نے ابو محذورہ کی طرف اشارہ کیا۔ رسول اللہ صلی اللہ علیہ وسلم نے اسے روک لیا اور باقی جوانوں کو چلے جانے کا حکم دیا۔ ابو محذورہ آپ کے سامنے کھڑے ہوئے تھے اور اپنے دل میں سوچ رہے تھے کہ مجھے قتل کر دیا جائے گا۔ لیکن آپ صلی اللہ علیہ وسلم نے مجھے فرمایا کہ ابو محذورہ اذان دو۔ چنانچہ میں نے بادل نخواستہ اذان دی۔ اذان سننے کے بعد آپ نے مجھے ایک تھیلی عطا فرمائی جس میں چند درہم تھے اس کے بعد میرے سر، پیشانی، سینہ اور پیٹ پر ناف تک دست مبارک پھیرا۔ زبان مبارک سے میرے لئے برکت کی دعا کی۔

ابو محذورہ بیان کرتے ہیں کہ دست مبارک کا پھیرنا تھا کہ میرا دل آپ کے خلاف نفرت کی بجائے محبت واُلفت سے لبریز ہو گیا۔ میں نے عرض کیا: یارسول اللہ صلی اللہ علیہ وسلم! مجھے مکہ کا موذن مقرر فرمادیجئے۔ آپ صلی اللہ علیہ وسلم نے فرمایا: آپ کو موذن مقرر کیا جاتا ہے۔ میں نے امیر مکہ عتاب بن اُسید کو اس بات کی اطلاع دی اور آپ صلی اللہ علیہ وسلم کے ارشاد کے مطابق اذان دینا شروع کر دی اور پوری زندگی اس ذمہ داری

کو نبھایا (الاستیعاب ص ۴/۷/۱۳)

ایسی حالت میں جبکہ فاتح کی حیثیت سے کوئی شخص کسی شہر میں داخل ہو، مفتوح قوم کے لوگ غلاموں کی طرح سامنے ہاتھ باندھے کھڑے ہوں۔ ان میں سے پھر کوئی آدمی فاتحین کی مرضی کے خلاف بات کرے ان کی خواہشات کا احترام نہ کرے بلکہ عین اسی وقت جبکہ انتقامی جذبات عروج پر ہوں، ایسی حرکات کرنے والے کو کبھی معاف نہیں کیا جاتا۔ یہ فطرت انسانی کے خلاف ہے۔ لیکن ایسے ہی حالات اور وقت پر صرف اللہ کی رضا کے لئے انتقامی جذبات کے طوفان کو قابو میں لانا، دشمنی کو محبت وشفقت کے دامن میں لپیٹ کر دشمن کو سینے سے لگالینا حبیب رب العالمین ہی کی صفات کا حصہ ہیں۔

ہند بنت عتبہ زوجہ ابوسفیان:۔

عورتوں کی دشمنی اور انتقام دنیا میں ضرب المثل ہے۔ ہند نے حضرت حمزہ رضی اللہ تعالیٰ عنہ کو شہید کروایا اور دشمنی کی آگ میں اس قدر جل رہی تھی کہ شہادت کے بعد آپ کا سینہ مبارک چاک کرکے کلیجہ نکالا اور اسے چبایا۔ اس سے سینے کی آگ کو ٹھنڈا کیا۔ اس قدر دشمنی اور کدورت رکھنے والا انسان بھی کیا معافی کا مستحق ہوسکتا ہے۔

چشم فلک نے یہ منظر بھی دیکھا کہ رسول اکرم صلی اللہ علیہ وسلم کی بے پایاں رحمت سے ایسے لوگ بھی فیض یاب ہوئے آپ نے اسے بھی شرف بیعت سے نوازا ان کی بیعت کا واقعہ مورخین نے اس طرح نقل کیا ہے۔

"ہند جب بیعت کے لیے حاضر خدمت ہوئی تو چہرہ نقاب سے چھپایا ہوا تھا۔ دشمنی کی ندامت کو ظاہر نہیں کرنا چاہتی تھی۔ اس شرمندگی کو پردے کی اوٹ میں چھپا کر عفوودگزر رحمت عالم صلی اللہ علیہ وسلم کی بارگاہ میں حاضر ہوتی ہے بیعت کا اظہار کرتی ہے۔ رحمت اللعالمین صلی اللہ علیہ وسلم اگر ایسی سخت دشمن کو حاضری کی اجازت نہ د

بیتے تو اسلام یا مسلمانوں کو کیا فرق پڑتا، اسلام کی سربلندی اور ترقی کے لئے ہند کا مسلمان ہونا کوئی ضروری تو نہ تھا۔ جبکہ ہزاروں لوگ حلقہ بگوش اسلام ہو رہے تھے۔ لیکن اس وقت بھی گفتگو میں شوخی اور مکالمہ بازی کا عنصر غالب نظر آتا ہے۔۔۔

ہند: یارسول اللہ صلی اللہ علیہ وسلم! آپ ہم سے کن باتوں پر عہد لیتے ہیں؟

رسول اللہ صلی اللہ علیہ وسلم: تم کسی کو اللہ کے ساتھ شریک نہیں ٹھہراؤ گی۔

ہند: یارسول اللہ صلی اللہ علیہ وسلم آپ ہم سے ان باتوں کا عہد لیتے، جن کا عہد آپ نے مردوں سے نہیں لیا۔

رسول اللہ صلی اللہ علیہ وسلم: تم کبھی چوری نہ کرو گی۔

ہند! میں تو اپنے خاوند (ابوسفیان) کے مال میں سے لے لیا کرتی ہوں۔ مجھے معلوم نہیں، اسے آپ چوری سمجھتے ہیں یا نہیں۔ ابوسفیان بھی اس محفل میں موجود تھے اور مسلمان ہو چکے تھے۔ بولے جو کچھ گزر چکا، وہ معاف ہے۔ رسول اللہ صلی اللہ علیہ وسلم نے فرمایا کہ عورت اپنے خاوند کے مال میں سے اتنا لے سکتی ہے جس سے اس کی اولاد اور گھر کی ضروریات پوری ہو سکیں۔

رسول اللہ صلی اللہ علیہ وسلم نے فرمایا: اور بدکاری نہ کرنا۔

ہند: کیا کوئی آزاد خود مختار عورت بھی زنا کرتی ہے؟

رسول اللہ صلی اللہ علیہ وسلم نے فرمایا: اولاد کو قتل نہ کرنا۔

ہند: ربّیناہم صِغارًا، وقتلْتہم یومَ بدْرٍ کِبارًا، وہم اعْلم، (بچپن میں ہم نے انہیں پالا پوسا اور جب وہ بڑے ہوئے تو آپ نے انہیں جنگ بدر میں قتل کر دیا۔ اب معاملہ ان کا اور آپ کا ہے) حضرت عمر رضی اللہ تعالیٰ عنہ پاس موجود تھے، یہ بات سن کر ہنس پڑے۔

رسول اللہ صلی اللہ علیہ وسلم نے فرمایا: کسی پر بہتان نہ لگانا۔

ہند! اللہ کی قسم کسی پر بہتان باندھنا تو نہایت قبیح بات ہے۔ واقعی آپ صلی اللہ علیہ وسلم حسن اخلاق اور نیکی کے سوا کسی بات کا حکم نہیں دیتے۔ (زرقانی: ۲/۳۱۶)

رسول اللہ صلی اللہ علیہ وسلم نے فرمایا: کسی نیکی کے کام میں نافرمانی اور انکار سے کام نہ لینا۔

ہند! ہم یہاں آپ کی محفل میں نافرمانی اور انکار کا ارادہ لے کر نہیں آئیں!

آپ اندازہ کیجیے کہ زیر دست آدمی معاہدہ کے وقت اگر اس طرح کا انداز اختیار کرتا ہے۔ تو فاتح اس طرح کی شوخیاں برداشت کرنے کے لئے تیار نہیں ہوتا۔ وہ اپنی ہتک اور برتری (Supermecy) کے منافی خیال کرتے ہوئے مدمقابل کو جھڑک اور ڈانٹ سکتا ہے تاکہ اس کی برتری کی ہیبت اور شان قائم رہے۔ لیکن رسول رحمت صلی اللہ علیہ وسلم اس کی تمام شوخیوں اور مکالمہ بازیوں کو شان عفو میں ڈبو دیتے ہیں اور حضرت عمر رضی اللہ تعالیٰ عنہ سے فرماتے ہیں کہ ان سے بیعت لے لو۔ بیعت کے بعد آپ ان کے لئے دعا فرماتے ہیں۔ (کامل از ابن اثیر: ۲/۹۶)

عمیر بن وہب کے لئے معافی کا اعلان:۔

قریش مکہ کے اکسانے پر عمیر بن وہب رسول اللہ صلی اللہ علیہ وسلم کو قتل کرنے کے لئے مدینہ پہنچا، موقع کی تلاش میں تھا کہ حضرت عمر رضی اللہ تعالیٰ عنہ نے اسے دیکھ لیا۔ اس کی تلوار چھین کر قابو میں کرلیا اور نبی کریم صلی اللہ علیہ وسلم کے پاس لے آئے۔ آپ صلی اللہ علیہ وسلم نے ارشاد فرمایا کہ اسے چھوڑ دو۔ پھر آپ صلی اللہ علیہ وسلم نے اس سے دریافت فرمایا کہ مدینہ کیسے آنا ہوا؟

اس نے جواب دیا کہ میرا ایک بیٹا آپ کی قید میں ہے، اس کی خیریت دریافت کرنا

چاہتا ہوں۔ آپ صلی اللہ علیہ وسلم نے اس کے گلے میں لٹکی ہوئی تلوار دیکھ کر فرمایا: تلوار کو گلے میں لٹکانے کا کیا مطلب ہے۔ عمیر نے کہا کہ میں جلدی میں اسے گھر رکھنا بھول گیا تھا۔ آپ صلی اللہ علیہ وسلم نے اس کی گفتگو سننے کے بعد فرمایا:

عمیر! تم صفوان بن اُمیہ کے ساتھ ایک حجرے میں بیٹھ کر میرے قتل کے منصوبے بناتے رہے ہو اور صفوان نے اس بدلے تمہارا سارا قرض معاف کرنے کا وعدہ کیا ہے اور آئندہ کے لئے تمہارے گھر والوں کا خرچہ بھی اپنے ذمہ لے لیا ہے۔ حقیقت بھی یہی تھی۔ عمیر یہ سب کچھ سن کر بہت پریشان ہوا کہ رسول اللہ صلی اللہ علیہ وسلم کو اس سارے واقعہ کی اطلاع کیسے پہنچی۔ آخر کار اس نے سازش کا اعتراف کیا اور کہنے لگا:

اے محمد صلی اللہ علیہ وسلم آپ واقعی اللہ کے رسول صلی اللہ علیہ وسلم ہیں۔ رسول اکرم صلی اللہ علیہ وسلم نے اسے بیٹھنے کے لئے کہا اور فرمایا: ہمیں آپ سے ہمدردی ہے۔ صحابہ کرام رضوان اللہ عنھم اجمعین سے فرمایا: اپنے بھائی کو قرآن سکھاؤ اور اس کے قیدی بیٹے کو آزاد کر دو۔ (الاصابہ: ص۳/۲۶)

مکہ والوں کے لئے اناج کی بحالی:۔

کسی حکومت یا اہل ملک کی مخالفت میں بے شمار حربے استعمال کئے جاتے ہیں۔ تاکہ انہیں پریشانیوں میں مبتلا کیا جائے اور مشکلات کی پیدا کی جائیں۔ یہ حربے سیاسی بھی ہوتے ہیں اور معاشی بھی۔ تاکہ کسی ملک کو کمزور کر کے گھٹنے ٹیکنے پر مجبور کر دیا جائے اور اپنے مفادات حاصل کرنے کے لئے راہ ہموار کی جائے۔ مکہ والوں نے نبی کریم صلی اللہ علیہ وسلم اور بنی ہاشم کو تین سال تک شعب ابی طالب میں محصور رکھا۔ کھانے پینے سے محروم کر دیا۔ بھوک اور پیاس سے بڑے چھوٹے چمڑے وغیرہ کھانے پر مجبور ہوگئے۔ جن لوگوں نے یہ حرکتیں کیں انہیں کیا پتہ تھا کہ جس رحمت عالم صلی اللہ علیہ

وسلم کو آج ہم یہ تکلیف دے کر خوش ہو رہے ہیں، ہمیں اسی کے دروازے پر بھیک مانگنے کی نوبت آئے گی۔ واقعہ اس طرح ہوا:

"ثمامہ بن اثال رضی اللہ تعالیٰ عنہ تین دن تک مسلمانوں کی قید میں رہنے کے بعد آپ کے حسن سلوک سے اتنے متاثر ہوئے کہ آزادی ملتے ہی اسلام لے آئے اور آپ صلی اللہ علیہ وسلم سے عمرہ کرنے کی اجازت طلب کی۔ جب مکہ پہنچے تو قریش مکہ نے بے دین ہونے کا طعنہ دیا یعنی کہا کہ اے ثمامہ !تم نے آباءواجداد کا دین چھوڑ دیا ہے۔ قریش کے ان طعنوں سے متاثر ہوئے ہوئے بغیر حضرت ثمامہ نے سرعام فرمایا کہ میں نے اس دین کی اتباع کی ہے جو سب سے بہتر ہے۔ اور جو دین محمدی ہے۔ اے اہل مکہ !رسول اللہ صلی اللہ علیہ وسلم کی اجازت کے بغیر اب تمہارے پاس یمامہ سے گندم کا ایک دانہ بھی نہیں آئے گا۔ یمامہ پہنچ کر آپ نے قبیلہ کو حکم دیا کہ مکہ والوں کو غلہ قطعاً مہیا نہ کیا جائے۔ اہل مکہ نے اس واقعہ کی اطلاع نبی کریم صلی اللہ علیہ وسلم کو دی اور لکھا کہ:

إنک تامر بصلة الرحم، وإنک قد قطعت ارحامنا، وقد قتلت الآباء بالسیف والابناء بالجوع،

(آپ صلہ رحمی کا پرچار کرتے ہیں حالانکہ آپ نے ہماری رشتہ داری کو ختم کر دیا ہے۔ ہمارے آباؤاجداد کو تلوار سے قتل کیا اور ہماری اولادوں کو بھوک کے ذریعہ مارنے کا منصوبہ بنایا) یہ خط پڑھ کر اللہ کے رسول اللہ صلی اللہ علیہ وسلم نے ثمامہ کو لکھا کہ وہ مکہ میں غلہ لے جانے کی اجازت دے دیں۔ (سیرۃ ابن ہشام: ۴/ ۴۳۹)

مالک بن عوف پر نظر کرم:۔

ہوازن اور ثقیف کے قبائل جو حنین کے مقام پر آباد تھے۔ بہت جنگجو تیر انداز تھے۔ فتح مکہ کے بعد انہیں خیال ہوا کہ کہیں مسلمان ہم پر حملہ نہ کر دیں۔ لہذا ان کا

سردار مالک بن عوف بیس ہزار آدمیوں کے لے کر مسلمانوں پر حملہ کرنے کے لئے نکلا۔ مسلمانوں کا لشکر بھی مقام حنین پر پہنچا۔ ہوازن اور ثقیف کے بیس ہزار جنگجو تیر اندازوں نے صبح کی تاریکی میں حملہ کر دیا۔ پہلے تو مسلمانوں کے پاؤں اکھڑ گئے آخر کار تمام مسلمان نبی رحمت صلی اللہ علیہ وسلم کے گرد جمع ہوئے۔ آپ نے بلند آواز سے فرمایا:

انا النبی لا کذب انا ابن عبد المطلب (بخاری، مسلم)

"میں اللہ کا نبی (صلی اللہ علیہ وسلم) ہوں یہ جھوٹ نہیں۔۔۔ میں عبد المطلب کا بیٹا ہوں"

اور پھر مشرکوں پر حملہ کا حکم دیا اور ساتھ ہی ایک مشت خاک دشمنوں کی طرف پھینکی اور فرمایا:

ساءت الوجوہ (مسلم) "برے ہوئے یہ چہرے"

ایک دوسرے روایت میں ہے کہ آپ صلی اللہ علیہ وسلم نے فرمایا:

انہزموا ورب محمد "قسم ہے رب محمد صلی اللہ علیہ وسلم کی انہوں نے شکست کھائی"

اس پر دشمنوں کے قدم اکھڑ گئے۔ کافی سارے بھاگ گئے اور ایک بڑی تعداد کو مسلمانوں نے قیدی بنالیا۔

شکست کے بعد ہوازن اور ثقیف کے سردار مالک بن عوف نے بھاگ کر طائف میں پناہ لی۔ رسول اللہ صلی اللہ علیہ وسلم نے جب لوگوں سے پوچھا کہ تمہارا سردار کہاں ہے جس نے تمھیں اللہ اور اس کے رسول صلی اللہ علیہ وسلم کے خلاف لڑنے پر اکسایا تھا؟ تو لوگوں نے بتایا کہ وہ طائف بھاگ گیا ہے۔ آپ صلی اللہ علیہ وسلم نے اس قبیلہ کے لوگوں سے مخاطب ہو کر فرمایا کہ اسے میرا یہ پیغام پہنچادو کہ اگر وہ میرے پاس آجائے تو میں نہ صرف اسے اس کے اہل وعیال اور مال واپس کر دوں گا بلکہ اپنی طرف

سے سو اونٹ بھی دوں گا۔ مالک بن عوف جو کہ طائف میں بہت پریشان حال تھا یہ خبر سن کر اللہ کے رسول صلی اللہ علیہ وسلم کی خدمت میں حاضر ہوا تو رسول اللہ صلی اللہ علیہ وسلم نے اپنا وعدہ پورا کیا اور اسے اپنی قوم کی سرداری کے علاوہ چند دیگر قبائل کا سردار بھی بنا دیا۔ مورخین لکھتے ہیں کہ مالک بن عوف نے مسلمان ہونے کے بعد رسول اللہ صلی اللہ علیہ وسلم کی مدح میں چند شعر بھی کہے ہیں۔ (الاصابہ: ۳/ ۳۳۱)

رسول اللہ صلی اللہ علیہ وسلم عفو و درگزر کرنے والے شخص سے بے حد محبت فرماتے تھے شاید آپ جانتے ہوں کہ رسول اللہ صلی اللہ علیہ وسلم حضرت یوسف علیہ السلام کی بے حد تعریف فرمایا کرتے تھے۔ ان کا ذکر کرتے ہوئے رسول اللہ صلی اللہ علیہ وسلم فرمایا کرتے تھے۔

الکریم بن الکریم بن الکریم بن الکریم یوسف بن یعقوب بن اسحاق بن ابراہیم (بخاری: کتاب التفسیر، ص ۵ /۲۱۶)

کبھی آپ نے اس بات پر غور کیا کہ ایسا کیونکر تھا۔ ملاحظہ فرمائیں۔۔۔

۱۔ بھائیوں نے کنوئیں میں پھینکا، ان کو معاف فرمایا۔

۲۔ غلام بنا کر بیچنے والوں سے کبھی کوئی باز پرس نہ کی۔

۳۔ عزیز مصر کی بیوی نے عفت و عصمت کو داغدار کرنا چاہا۔ اپنے مقاصد میں کامیاب نہ ہونے پر جیل میں بھجوا دیا۔ اقتدار ملنے کے باوجود کبھی انتقام لینے کی کوشش نہ کی۔

۴۔ عزیز مصر کو خواب کی تعبیر قیدی ہونے کے باوجود بتائی۔

۵۔ اپنے ساتھی قیدی جسے رہائی کے وقت آپ نے عزیز مصر کے لئے یہ پیغام دیا تھا کہ انہیں میرے معاملہ پر نظر ثانی کرنے کے لئے یاد دلانا لیکن وہ عزیز مصر کو یہ بات کو یہ بات یاد نہ دلا سکا۔ حضرت یوسف علیہ السلام سے جب دوبارہ ملاقات ہوئی تو آپ

نے اس سے ناراضگی کا اظہار نہ فرمایا۔

۷۔ اقتدار ملنے کے بعد اپنے بھائیوں کی مدد فرمائی اور انہیں قحط سالی میں غلہ کی فراہمی جاری رکھی۔

۸۔ بھائیوں نے چوری کا الزام لگایا۔ لیکن عظیم عہدے پر فائز ہونے کے باوجود انہیں کچھ نہ کہا اور ان کی بات کو بڑی ہمت سے برداشت کیا۔

۹۔ قیدی بنانے پر عزیز مصر سے کوئی جھگڑا پیدا نہیں کیا۔

۱۰۔ اقتدار حاصل ہونے کے بعد آپے سے باہر نہیں ہوئے بلکہ پہلے سے زیادہ اللہ تعالیٰ کے مطیع و فرمانبردار بن گئے اور مخلوق کو قحط سالی کے عذاب سے محفوظ رکھنے کے لئے پوری دیانت داری سے سرگرم رہے۔

صرف چند اسباب ذکر کر دیئے گئے ہیں۔ جن کی بناء پر رسول اللہ صلی اللہ علیہ وسلم انہیں بڑے احترام سے یاد فرمایا کرتے تھے۔ قرآن پاک کی آیت مبارکہ میں اللہ تعالیٰ کا ارشاد ہے:

وَلَا تَسْتَوِي الْحَسَنَةُ وَلَا السَّيِّئَةُ ادْفَعْ بِالَّتِي هِيَ أَحْسَنُ (حم السجدہ: ۳۴)

"نیکی اور بدی برابر نہیں ہو سکتی۔ نہایت عمدہ طریقے سے معاملہ کو رفع دفع فرمایا کریں"

رسول اللہ صلی اللہ علیہ وسلم اپنی عملی زندگی میں اس آیت مبارکہ کا مکمل نمونہ تھے۔ آپ کے تربیت یافتہ صحابہ کرام رضوان اللہ عنھم اجمعین آپ کی پیروی کرنے میں کبھی پیچھے نہیں رہے۔ حضرت ابو بکر رضی اللہ تعالیٰ عنہ سے ایک شخص نے کہا: "میں آپ کو ایسی گالی دوں گا جو قبر میں بھی آپ کے ساتھ داخل ہو گی" (یعنی بدنامی مرتے دم تک آپ کا پیچھا نہیں چھوڑے گی) تو حضرت ابو بکر صدیق رضی اللہ تعالیٰ عنہ نے جواب

میں صرف اتناہی کہا:" میرے ساتھ نہیں بلکہ تمہارے ساتھ قبر میں داخل ہو گی۔"(العقد الفرید:ص ۲/۲۷۵)

حضرت ابو ذر رضی اللہ تعالیٰ عنہ غفاری کو کسی شخص نے برا بھلا کہا تو انہوں نے اس شخص سے کہا:

"اللہ کے بندے! مجھے برا بھلا کہنے میں مصروف نہ رہو۔ میل جول کی کوئی تدبیر ہونی چاہیے۔ ہماری وجہ سے جو شخص اللہ تعالیٰ کا نافرمان بنتا ہے، ہم اس سے انتقام نہیں لیتے۔ بلکہ اس کی وجہ سے اللہ تعالیٰ کے زیادہ مطیع و فرمانبردار بن جاتے ہیں۔"

انہوں نے رسول اللہ صلی اللہ علیہ وسلم کے اس فرمان کو بڑی عمدگی کے ساتھ اپنے معاملات میں سمولیا تھا:

ما تجرّع عَبد فی الدنیا جرُعۃً احب اِلی اللہّ من جرُعۃ غیظ رَدّہا بحِلم او جرُعۃ مُصیبۃ ردہا یصبر (ابن ماجہ۔ کتاب الذہد)

"انسان دنیا میں کتنے ہی گھونٹ بھرتا ہے۔ لیکن اللہ تعالیٰ کو سب سے زیادہ پسندیدہ غیظ وغضب کا وہ کڑوا گھونٹ ہے۔ جس کا جواب انسان نہایت بردباری سے دیتا ہے پھر مصائب سے بھرپور وہ تلخ گھونٹ اللہ تعالیٰ کو زیادہ پسند ہے جسے وہ صبر وہمت سے برداشت کرتا ہے"

شاعر حضرات نے بھی اس خوبی کو موضوعِ سخن بنایا ہے اور اس بارے میں خوب جولانیاں دکھائی ہیں:

قصیدہ ابن المدینہ میں ہے کہ برا بھلا کہنے والے کو کس طرح جواب دیا جاتا ہے۔ ملاحظہ فرمائیں:

لئن ساءني ان نلتني بمساءة
لقد سرني اني خطرت ببالك

"آپ کے برا بھلا کہنے سے اگرچہ مجھے دکھ ہوا ہے، لیکن حسرت تو اس بات کی ہے کہ آپ نے مجھے یاد رکھا ہے۔ بھلایا تو نہیں"(العقد الفرید: ص ۲/ ۲۷۵)۔۔۔ مرزا غالب کہتے ہیں۔

قطع کیجئے نہ تعلق ہم سے

محبت نہ ہو تو عداوت ہی سہی

طاہر بن عبد العزیز نے اس موضوع پر یوں اظہار سخن کیا ہے:

إذا ما خليلي اسا مرّةً
وقد كان مِن قَبْل ذا مجمِلا
تحمّلت ما كان مِن ذنبه
فلم يُفسد الآخر الاوّلا

"جب میرے کسی پرانے احسان مند دوست سے کوئی برائی سرزد ہو جاتی ہے تو میں اس کے سابقہ احسانات کو یاد کرتا ہوں۔ اس طرح پرانی دوستی بگڑنے نہیں پاتی"(العقد الفرید: ۲/ ۲۷۵)(بعض کتابوں میں " ذکرتَ المقدّمَ مِن فعلِہ" کی بجائے تحمّلت ما کان مِن ذنبہ کے لف لفظ ملتے ہیں۔ میں اس کے گناہ کو برداشت کرتا ہوں۔"

احنف بن قیس رضی اللہ تعالیٰ عنہ بیان فرماتے ہیں۔

کہ قیس بن عاصم منقری ہتھیار باندھے اپنے گھر کے صحن میں بیٹھے اپنی قوم سے باتیں کر رہے تھے کہ ان کے پاس دو آدمیوں کو لایا گیا۔ ایک کی مشکیں کسی ہوئیں تھیں اور دوسرا مقتول تھا۔ قیس بن عاصم سے کہا گیا کہ آپ کے بھتیجے نے آپ کے بیٹے کو قتل کر دیا ہے حالانکہ وہ سراسر بے قصور تھا۔

قیس بن عاصم اپنے بھتیجے کی طرف متوجہ ہوئے اور فرمانے لگے تو اپنے رب کی نافرمانی کی ہے اور اپنے تیر سے اپنے آپ کو ہی نشانہ بنایا ہے، اپنے چچازاد بھائی کو قتل کر دیا ہے۔ پھر اپنے دوسرے بیٹے کو فرمایا: اٹھو اپنے بھائی کی تجہیز و تکفین کا بندوبست

کرو، اس کی ماں کو ایک سو اونٹنی دیت ادا کرو۔ وہ بے سہارا ہو گئی ہے اور اپنے چچازاد بھائی کی مشکیں کھول دو۔

فارسی ادب میں بھی اس موضوع پر بہت کچھ ملتا ہے اور کسی نے تو یہاں تک کہہ دیا ہے۔

لذتے درعفواست انتقام نیست
ایں کار برکریماں دشوار نیست

"معاف کر دینے سے جو لذت و سرور حاصل ہوتا ہے، انتقام لینے میں وہ مزید کہاں۔۔۔نیک لوگوں کے لئے ایسا کرنا کوئی مشکل نہیں" (العقد الفرید: ص ۲/۲۷۵)

میرے رب کو ایسے ہی لوگ پسند ہیں۔

ارشاد ہے: وَالْكَاظِمِينَ الْغَيْظَ وَالْعَافِينَ عَنِ النَّاسِ وَاللّٰهُ يُحِبُّ الْمُحْسِنِين (آل عمران:۱۳۴)

"وہ لوگ غصے کو پی جاتے، لوگوں سے درگزر کرتے ہیں اور اللہ تعالیٰ احسان کرنے والوں کو پسند فرماتا ہے"

حالانکہ اللہ کی طرف سے آپ کی ذمہ داری صرف اس حد تک تھی کہ آپ اللہ کے دین کو لوگوں تک پہنچادیں جیسا کہ ارشاد باری تعالیٰ ہے: وَمَا عَلَيْنَا إِلاَّ الْبَلاغُ

رسول رحمت صلی اللہ علیہ وسلم کی شان کریمی:۔

آپ زندگی بھر انسانیت کی فلاح اور کامیابی کے لئے تڑپتے رہے۔ صرف ایک ہی غم کھائے جارہا تھا کہ انسان جو اللہ کے راستے کو چھوڑ کر ہوئے شیطان کی راہ پر گامزن ہے، آخر کار ایسی آگ کے اس گڑھے میں گر جائے گا جو دنیا کی آگ سے ستر گناہ زیادہ گرم اور تکلیف دہ ہے۔ وہاں انسان کا کوئی مددگار اور غمگسار نہیں ہوگا۔ انسانیت کو اس آگ سے بچالیا جائے۔ یہی احساس آپ کو دن رات چین سے نہیں بیٹھنے دیتا تھا۔ اسی پریشانی نے آپ کی زندگی کو مضطرب کر دیا تھا۔ اس کا اندازہ قرآن پاک کی اس آیت

سے لگایا جاسکتا ہے جس میں اللہ کی ذات نے اس کیفیت کا نقشہ کھینچا ہے:

لَعَلَّکَ بَاخِعٌ نَفْسَکَ اَلا یَکُونُوا مُؤْمِنِینَ (سورۃ شعراء)

"لوگوں کے مسلمان نہ ہونے کی وجہ سے شاید آپ اپنے آپ کو ہلاک کر ڈالیں گے"

اسی کیفیت کا اظہار تھا کہ آپ کی زبان مبارک سے ان دشمنوں کے لئے بھی کبھی بد دعائیں نہیں نکلتی تھی جنھوں نے آپ کو لہولہان کر دیا اور اپنے شہر سے پتھر مار مار کر نکال دیا۔ دوسری جگہ سورہ شعراء میں ارشاد فرمایا:

فَلَعَلَّکَ بَاخِعٌ نَفْسَکَ عَلَی آثَارِہِمْ إِنْ لَمْ یُؤْمِنُوا بِہَذَا الْحَدِیثِ اَسَفًا (الکہف:۸۶)

"اور ام المومنین حضرت عائشہ رضی اللہ تعالیٰ عنہا کے بیان کے مطابق میں نے رسول کریم صلی اللہ علیہ وسلم سے دریافت کیا: یارسول اللہ صلی اللہ علیہ وسلم آپ کی زندگی کا سخت ترین اور تکلیف دہ دن کون سا تھا تو آپ صلی اللہ علیہ وسلم نے فرمایا وہ طائف کا دن تھا"

طائف کا واقعہ:۔

ابو طالب کی وفات کے بعد رسول کریم صلی اللہ علیہ وسلم کو قریش مکہ نے اتنا ستایا کہ آپ صلی اللہ علیہ وسلم نے مکہ کو چھوڑ کر طائف کا ارادہ فرمایا تاکہ وہاں جاکر ان کو دائرہ اسلام میں لانے کی کوشش کریں۔ ثقیف کے تین سردار جو کے آپس میں بھائی تھے ان کے ہاں تشریف لے گئے اور انہیں اسلام کی طرف دعوت دی۔ لیکن ان کی طرف سے کوئی حوصلہ افزا جواب نہ ملا بلکہ انھوں نے اوباش قسم کے لوگوں کو آپ کے پیچھے لگا دیا انھوں نے آپ صلی اللہ علیہ وسلم پر پتھروں کی بارش کر دی۔ اور بعض روایات میں ہے کہ آپ صلی اللہ علیہ وسلم کے پاؤں مبارک کا نشانہ لے لے کر پتھر مارتے تھے۔ جس سے

آپ صلی اللہ علیہ وسلم کے دونوں پاؤں مبارک خون آلود ہو گئے۔ اسی زخمی حالت میں ربیعہ کے دو بیٹوں عتبہ اور شیبہ کے باغ میں پناہ لی۔ آپ صلی اللہ علیہ وسلم ارشاد فرماتے ہیں کہ میں اپنا چہرہ جھکائے بے حد غم کی حالت میں بیٹھا تھا اور مجھے کوئی ہوش نہ تھا۔ اچانک میں نے اپنا سر اوپر اٹھایا تو میں دیکھتا ہوں کہ ایک بادل مجھ پر سایہ فگن ہے۔ میں نے اس میں جبرئیل علیہ السلام کو دیکھا جو مجھے پکار پکار کر کہہ رہے تھے کہ اللہ رب العالمین نے ان لوگوں کی ساری باتوں کو سن لیا ہے اور آپ کی مدد کے لئے پہاڑوں والے فرشتوں کو بھیجا ہے۔ آپ اسے جو حکم فرمائیں گے وہ پورا کرے گا۔ پھر اس فرشتے نے مجھے سلام کیا اور فرمایا:

"اے محمد صلی اللہ علیہ وسلم ! اللہ تبارک وتعالیٰ نے آپ صلی اللہ علیہ وسلم کے بارے میں آپ صلی اللہ علیہ وسلم کی قوم کی ساری گفتگو کو سن لیا ہے اور میں پہاڑوں کا فرشتہ ہوں۔ آپ صلی اللہ علیہ وسلم کے رب نے آپ صلی اللہ علیہ وسلم کی خدمت میں بھیجا ہے تاکہ ان لوگوں کے بارے میں آپ صلی اللہ علیہ وسلم جو ارشاد فرمائیں اسے بجالاؤں۔ اگر آپ چاہیں تو ان سب کو ان دونوں پہاڑوں کے درمیان پیس کر رکھ دوں" لیکن آپ صلی اللہ علیہ وسلم نے فرمایا:

"میں اللہ کی ذات سے امید کرتا ہوں کہ ہو سکتا ہے کہ ان کی نسل سے ایسے لوگ پیدا فرمائے جو اللہ کی توحید کا اقرار کریں گے اور شرک سے باز رہیں گے" (البدایہ والنہایہ: ۳/ ۱۳۵)

محاصرہ طائف:

غزوہ حنین کے بعد نبی کریم صلی اللہ علیہ وسلم نے طائف کا محاصرہ کیا جو کافی طول پکڑ گیا اور اس کے فتح ہونے کی کوئی صورت نظر نہیں آرہی تھی۔ ابن سعد کی روایت کے

مطابق حضرت عمر رضی اللہ تعالیٰ عنہ نے آپ سے گزارش کی یارسول اللہ صلی اللہ علیہ وسلم آپ ان کے حق میں بددعا فرمائیں۔ آپ صلی اللہ علیہ وسلم نے ارشاد فرمایا: کہ مجھے بددعا کی اجازت نہیں۔ تو حضرت عمر رضی اللہ تعالیٰ عنہ نے جواباً عرض کیا تو پھر ہمیں ان سے لڑنے کی ضرورت نہیں۔ چنانچہ رسول اکرم صلی اللہ علیہ وسلم نے محاصرہ اٹھا کر کوچ کرنے کا حکم فرمایا اور چلتے وقت بنو ثقیف (اہل طائف) کے حق میں یہ دعا فرمائی:

اللهم اهد ثقيفا وات بهم

"اے اللہ ثقیف کو ہدایت دے اور انہیں میرے پاس پہنچا دے۔ آپ صلی اللہ علیہ وسلم کی دعا کو شرف قبولیت حاصل ہوئی اور تھوڑے عرصہ بعد سب لوگ مسلمان ہو گئے۔

غزوہ احد:۔

غزوہ احد میں گھمسان کا رن پڑا۔ تیروں کی بارش ہو رہی تھی۔ مسلمانوں پر اچانک حملہ ہوا اور بڑے بڑے بہادروں کے پاؤں اکھڑ گئے۔ اللہ کے رسول اللہ صلی اللہ علیہ وسلم میدان جنگ میں ڈٹے رہے ہیں۔ چار دانت مبارک شہید ہو گئے سر مبارک زخمی ہوا چہرہ نور واطہر خون آلود ہو گیا خون کے حلقے رخسار مبارک میں پیوست ہو گئے۔ صحابہ کرام رضوان اللہ عنھم اجمعین نے اس حالت کو دیکھ کر گزارش کی۔ یارسول اللہ صلی اللہ علیہ وسلم! آپ دشمنوں کے لیے بددعا فرمائیں" آپ صلی اللہ علیہ وسلم نے ارشاد فرمایا :"میں بددعا اور لعنت کے لیے نہیں بھیجا گیا بلکہ لوگوں کو دین حق کی طرف بلانے کے لیے بھیجا گیا ہوں۔

اسی طرح جب قریش نے آپ صلی اللہ علیہ وسلم پر ظلم کے پہاڑ توڑے تو صحابہ کرام رضوان اللہ عنھم اجمعین نے عرض کیا:"یارسول اللہ صلی اللہ علیہ وسلم! ان کے

لیے بدوعا فرمائیں۔" آپ صلی اللہ علیہ وسلم نے انکار فرمایا اور ان کے حق میں دعا کی۔(طبقات ابن سعد:۲/۱۱۵)

"اللہ میری قوم کو ہدایت عطا فرما یہ لوگ بے خبر ہیں"

یہودیہ کا آپ صلی اللہ علیہ وسلم کو زہر دینا:۔

فتح خیبر کے بعد چند روز آپ صلی اللہ علیہ وسلم وہیں قیام پذیر رہے اس دوران زینب بنت حارث نے ایک بھنی ہوئی زہر آلود بکری ہدیہ کے طور پر آپ صلی اللہ علیہ وسلم کی خدمت اقدس میں پیش کی۔ آپ صلی اللہ علیہ وسلم نے چکھتے ہی کھانے سے ہاتھ روک لیا۔ آپ صلی اللہ علیہ وسلم نے اپنے ساتھی بشیر بن براء بن معرور کو بھی کھانے سے منع کر دیا جبکہ وہ کچھ کھا چکے تھے۔یہودیہ عورت (زینب) کو بلا کر تحقیق کی گئ تو اس نے جرم کا اعتراف کر لیا اور کہا کہ میں نے اس لیے ایسا کیا تھا کہ اگر آپ سچے نبی ہیں تو اللہ تعالیٰ آپ صلی اللہ علیہ وسلم کو ضرور اطلاع فرمادیں گے اور اگر آپ سچے نبی نہیں ہیں تو لوگ آپ صلی اللہ علیہ وسلم سے نجات پا جائیں گے۔ آپ صلی اللہ علیہ وسلم نے اس سے زیادہ باز پرس نہیں فرمائی کیونکہ آپ صلی اللہ علیہ وسلم اپنی ذات کے لیے انتقام نہیں لیتے تھے۔ لیکن آپ کے ساتھی پر زہر نے اثر کیا جس کی وجہ سے وہ انتقال کر گئے تو آپ صلی اللہ علیہ وسلم نے زینب کو اس کے قصاص میں قتل کر دیا بیہقی کی روایت کے مطابق زینب اپنے جرم کا اقرار کرنے کے بعد اسلام لے آئی اور تمام حاضرین مجلس کو گواہ بنا کر کہنے لگی کہ مجھ پر آپ کا سچا ہونا واضح ہو چکا ہے اس لیے میں آپ کا دین قبول کرتی ہوں۔(فتح الباری : ۷/۳۸۰)

٭٭٭

۹

ایک امتحان: ایک عمل: ایک سبق

عزیز زبیدی

آیت ترجمہ: "(اے پیغمبر!) جس طرح ہم نے (ایک) باغ والوں کو آزمایا تھا اسی طرح ہم نے (کفار مکہ) کو بھی آزمایا ہے، کہ ان باغ والوں نے قسمیں کھا کھا کر کہا کہ صبح ہوتے ہی ہم اس کے پھل ضرور توڑ لیں گے اور ان شاء اللہ بھی نہ کہا، تو یہ سوتے کے سوتے ہی رہے کہ تمہارے پروردگار کی طرف سے ایک بلائے ناگہانی نازل ہوئی (اور اس سرے سے اُس سرے تک) باغ پر پھر گئی اور صبح ہوتے ہوتے وہ ایسا (خالی) رہ گیا جیسے کوئی سارے پھل توڑ کر لے گیا ہو اور (ادھر) ان لوگوں نے صبح ہوتے ہوئے ایک دوسرے کو آواز دی کہ اگر تم کو پھل توڑنے ہیں تو صبح سویرے اپنے باغ میں جا پہنچو، چنانچہ وہ (سب لوگ) روانہ ہوئے اور آپس میں چپکے چپکے کہتے جاتے تھے کہ (دیکھنا) آج کوئی محتاج تم تک باغ کے اندر نہ آنے پائے (ورنہ اس کو کچھ دینا پڑے گا۔ غرض اپنے تئیں) یہ سمجھ کر کہ بس اب جاتے ہی پھل تور لیں گے، بڑے اہتمام کے ساتھ بہت سویرے جا پہنچے، چنانچہ جب انہوں نے باغ کو (جاکر) دیکھا تو ایسا اجڑا پڑا تھا کہ اسے پہچان نہ سکے (اور) لگے کہنے کہ ہو نہ ہو ہم (راستہ) بھول گئے (پھر سوچ تو بولے: نہیں!

راستہ نہیں بھولے) بلکہ ہماری تقدیر پھوٹ گئی، ان میں سے جو بہتر آدمی تھا، لگا کہنے کہ: کیا میں تم سے نہیں کہا کرتا تھا کہ خدا (کا شکر اور اس کی) تسبیح (و تقدیس) کیوں نہیں کرتے؟ (سو وہ اب) بول اٹھے کہ ہمارا رب پاک ہے، بے شک ہم ہی قصور وار تھے، پھر ایک دوسرے کو کوستے ہوئے، ایک دوسرے سے مخاطب ہوئے، (اور پھر سب) بول اٹھے کہ ہائے ہماری کم بختی! ہم ہی حد سے بڑھ گئے تھے، عجب نہیں کہ ہمارا رب اس سے (بھی) بہتر باغ عنایت فرمائے۔ اب ہم اپنے رب کی طرف رجوع ہوئے (اے پیغمبر! جو ناشکری کرتے ہیں ان پر دنیا میں) ایسا ہی عذاب (نازل ہوا کرتا ہے) اور آخرت کا عذاب تو اس سے (بھی) کہیں بڑھ کر ہے۔ اے کاش! وہ سمجھتے ہوتے۔"

(پ۲۹۔ القلم ع۱)

ملک سبا (یمن) باغوں کا ملک تھا سد مآرب (قوم سبا کا منگلا ڈیم یا تربیلا ڈیم) کے ذریعے ان کی زرعی پیداوار اپنا جواب آپ تھی، جب لوگ گھروں سے نکلتے تو دو طرفہ باغات کی قطاروں میں گزرتے، کھانے کو پھل، سونگھنے کو عطر بیز فضائیں اور نظارہ کے لیے نظر نواز گل ولالہ کی ایک وسیع دنیا سامنے ہوتی۔ کہتے ہیں یہ بند ۵۴۲ء کے لگ بھگ کہیں جا ٹوٹا اور اللہ تعالیٰ کے حکم سے اسی پانی کی لہروں نے ان کی قبریں بن کر ان کا قصہ تمام کیا۔ اِنا للہ و اِنا الیہ راجعون۔

ابن کثیر کی ایک روایت سے پتہ چلتا ہے کہ: یہ بھی یمن کے ایک خاندان کا واقعہ ہے جو صنعاء سے تقریباً تین کوس کے فاصلے پر آباد تھا۔ موجودہ افرادِ خانہ کے والد صالح انسان تھے۔ وہ باغ اور کھیتی سے متعلقہ حقوق شرعی، اپنے حالات کے مطابق ادا کیا کرتے

تھے۔ جب وہ دنیا سے لد گئے تو اولاد وارث بنی، انھوں نے سوچا کہ باپ اتنی دولت لٹا کر آمدنی کا ایک بڑا حصہ ضائع کر دیا کرتا تھا۔ اب ہمیں چاہیے کہ اسے بچائیں۔ چنانچہ صبح کو اندھیرے منہ گھر سے نکل کھڑے ہوئے تا کہ کسی محتاج نادار اور غریب کو پتہ نہ چلے، اس پر خدا کو غیرت آئی اور ان کے پہنچنے سے پہلے باغ اور کھیتی کو ٹھکانے لگا دیا او راس سرے سے لے کر اس سرے تک، ویرانی ہی ویرانی چھا گئی۔ آنکھیں مل کر غور سے دیکھنے لگے کہ شاید ہم راستہ بھول گئے، پھر یکدم عقل ٹھکانے آگئی اور بولے! نہیں نہیں! باغ کا راستہ نہیں بھولے! راہ حق بھول گئے، یہ ساری اس کی سزا ہے۔

ان میں سے جو صالح شخص تھا، اس نے اس بات پر ان کو ملامت کی، کہ میں نے بارہا سمجھایا کہ یہ تمہاری ذات کا کوئی کرشمہ نہیں، یہ ذات برحق کی ساری کرشمہ سازیاں ہیں، اسی کے گیت گایا کرو! مگر تمہیں میری بات سمجھ نہ آئی! اس پر وہ ایک دوسرے کو کوسنے لگے! پھر سب یک زبان ہو کر بولے! دراصل ہم حد سے بڑھ گئے تھے۔ اب ہم اللہ کی طرف رجوع کرتے ہیں، امید ہے کہ وہ پھر ہم پر مائل بہ کرم ہو گا اور اس باغ سے بھی بہتر عنایت کرے گا۔

اللہ تعالیٰ فرماتے ہیں کہ: ناشکری کی سزا کے یہ دنیوی نمونے ہیں، باقی رہا عذاب آخرت؟ سو وہ تو اس سے بھی کہیں بڑا ہو گا۔ کیونکہ طغیان اور سرکشی کے مطابق پوری پوری سزا وہاں ہو گی یہاں نہیں۔

فقہ القرآن

آزمائش: دھن دولت اور خوشحالی جہاں اللہ کی دین اور عنایت ہوتی ہے وہاں وہ

سراپا ابتلاء، آزمائش اور امتحان بھی بن جاتی ہے، جو قومیں یا افراد اس سلسلے کے حقوق خالق اور حقوق مخلوق سے بے پروا رہتے ہیں، ان کا مستقبل دنیوی یا اخروی یا دونوں بہر حال خطرے کی زد میں ہوتے ہیں۔

متعلقہ حقوق: ان آیات سے یہ بھی مترشح ہوتا ہے کہ: ہر ذاتی ملکیت سے حقوق اللہ اور حقوق العباد ضرور متعلق ہوتے ہیں۔ وہ حقوق جن کا تعلق سرکار سے ہے، اگر کوئی شخص وہ ادا نہ کرے تو ان کے خلاف قانونی طاقت استعمال کی جاسکتی ہے مگر ان کو حقوق ملکیت سے محروم نہیں کیا جاسکتا، جیسا کہ باغ والوں کے واقعہ سے مترشح ہوتا ہے کہ سرکاری عشر ادا کرنے سے گریز کرنے کی پاداش میں ان کو دھر لیا گیا اور حکومت ان پر تاوان بھی عائد کر سکتی ہے۔

وہ حقوق العباد جن سے رضاکارانہ طور پر عہدہ برآ ہونا پسندیدہ ہوتا ہے، ان کی طرف لوگوں کو سرکار کا متوجہ کرنا اور توجہ دلانا اور ترغیب و تحریص کے سامان پیدا کرنا ہی کافی ہوتا ہے۔

اللہ سے بے خوف نہ ہو جانا چاہیے: غلط طرز حیات اور اعمال کے سلسلے خدا کی گرفت سے بے پرواہ نہیں ہو جانا چاہیے؟ کچھ پتہ نہیں کہ کب وہ دھر لے، اس لیے جلدی توجہ کرنی چاہیے جب گرفت کے آثار نمایاں ہو جائیں تو پھر خدا کے حضور گڑگڑانے میں سستی نہیں کرنی چاہیے کیونکہ بعض اوقات سزا کے باوجود ابھی مہلت باقی ہوتی ہے۔ خدا کو ابھی تنبیہ اور تادیب منظور ہوتی ہے لعلھم یرجعون شاید وہ سیدھی راہ کی طرف پلٹ آئیں۔

خدا کی تادیبی گرفت کو بسا اوقات لوگ "اتفاقات" تصور کر لیتے ہیں یا کسی ٹیکنیکل لغزش کا نتیجہ، اس لیے ایسے لوگ اصلاح حال کی توفیق سے محروم ہو جاتے ہیں، جس کے بعد وہ وقت بھی آجاتا ہے، جب مہلت کی میعاد ختم ہو جاتی ہے۔ یہ مرحلہ خاص خطرناک ہوتا ہے بہر حال اب صحیح دوا گڑ گڑانا ہوتا ہے۔ (اِنا اِلی ربنا راغبون)

معصیت سے خوشحالی متاثر ہوتی ہے: ان آیات سے معلوم ہوتا کہ معاصی اور خدا سے غفلت کی وجہ سے انسان کی آسودگی، طمانیت اور روزی ضرور متاثر ہوتی ہے۔

تبلیغ: جب گناہوں کی پاداش میں انسان آفات کی زد میں آجاتا ہے، اس وقت ان کو ان کے مسرفانہ کرتوت کے نتائج سے آگاہ کرنا مناسب ہوتا ہے تا کہ وہ اب سنبھل کر خدا کی طرف رخ کریں۔ وقال اوسطهم الم اقل لكم لولا تسبحون۔

اعتراف: جب انسان کے سر پر وبال آجاتا ہے تو وہ عموماً اس کی ذمہ داری اپنے بجائے دوسروں کے سر پر ڈالنے کی کوشش کرتا ہے۔ گویا کہ ایک غلطی کے بعد ایک دوسرے غلطی کا اضافہ کر دیتا ہے، اس لیے اسے چاہیے کہ وہ دوسروں کو کوسنے یا لے دے پر وقت ضائع کرنے کے بجائے اپنی غلطی کا اعتراف کرے اور پھر خدا سے تجدید عہد کرتے ہوئے اس سے معافی مانگ لے۔ (وقالوا يويلنا إنا كنا طغين)

عبرت پذیری: عبرت پذیری خدا کی طرف سے بہت بڑی "توفیق" ہے۔ جو اس سے محروم ہو جاتے ہیں وہ غالباً کسی شدید تر گرفت کو دعوت مبارزت دینے کا التزام کرتے ہیں (لوکانوا یعلمون)

حیلہ سازی: احکام الٰہی سے فرار کرنے کے لیے جو بھی چارہ سازی یا حیلہ سازی

اختیار کی جاوے اس کی وجہ سے تعمیل حکم کی فرضیت ساقط نہیں ہوتی بلکہ لینے کے دینے بھی پڑ جاتے ہیں۔ جھونکے میں جوتے سوا پڑ جاتے ہیں (فانطلقو اوہم یتخافتون)

ہم آج کل جس دور سے گزر رہے ہیں، بلا استثنا، عرب ہو یا عجم، مغرب ہو یا مشرق، وہ آج ابتلاء کی اسی سان پر آکر کھڑا ہو گیا ہے جس کے بعد کسی قوم کے مستقبل کے لیے نئے فیصلے کیے جاتے ہیں۔ زمین و آسمان بندوں سے سرگرداں ہو رہ ہیں، شمس و قمر کی تابانیاں اور ضیا باریاں کچھ مہنگی ہو چلی ہیں، ہماری اپنی سوچیں، خود ہمیں ہولناک اور مہلک غاروں کی طرف دھکیلنے میں مصروف نظر آتی ہیں، ہمارے اپنے قدم تیزی سے ان کی طرف بڑھ رہے ہیں۔ ہمارے اپنے ہاتھ، خود ہمارے لیے قبریں کھودنے میں شب و روز مصروف کار ہیں، ہمارے رہنما ہماری راہ مارنے پر تلے ہوئے ہیں، ہمارے افراد خود کشی پر مائل ہیں۔ ہمارے اجتماعی ڈھانچے، بھتنوں اور غولوں کے بگولے بنتے جا رہے ہیں، ابن آدم، ڈارون کے بندروں کی یاد تازہ کر رہے ہیں، بس کسر صرف دم کی رہ گئی ہے۔ کیوں؟ صرف اس لیے کہ:

حق تعالیٰ نے انسان کو آسمانوں اور ستاروں پر کمندیں ڈالنے کا یارا بخشا، ابر و باد اور برق و باراں کی تسخیر کا اس کو حوصلہ عطا کیا۔ پہاڑوں ن ان کی ہمتوں کے آگے اپنی سپر ڈال دی، زمین نے اپنے دفینے اُگل ڈالے۔ توانائیوں نے ابن آدم کے قدموں کو چوما، خوشحالی اور انواع و اقسام کی نعمتوں سے ان کی مہمانی کی گئی۔ مگر آہ! خدا کا شکر گزار بندہ بننے کے بجائے اس نے جانور اور درندہ بننے کو ترجیح دی۔ اس لیے وہی وسائل جو ان کے اشارہ ابرو پر ناچ کے لیے تھے اب وہ اپنی مٹھی میں لے کر ان کو یوں بھینچے ہوئے ہیں کہ:

اب فراوانی عیش کے باوجود موت کو آوازیں دے رہا ہے۔ یاد رکھیے! ابن آدم کو اگر اب بھی ہوش نہ آیا تو محسوس ہوتا ہے کہ خدا یہ دنیا بدلنے کو ہے۔

* * *